国家出版基金项目
NATIONAL PUBLICATION FOUNDATION

"十三五"国家重点图书出版规划项目
中国土地与住房研究丛书 · 村镇区域规划与土地利用
丛书主编　冯长春

Development Evolution and
Livability Assessment of
VILLAGES IN CHINA

村镇发展变迁与宜居性评价

曹广忠　史秋洁　宋　峰　戴林琳　/等著

北京大学出版社
PEKING UNIVERSITY PRESS

图书在版编目(CIP)数据

村镇发展变迁与宜居性评价/曹广忠等著. —北京:北京大学出版社,2021.10
(中国土地与住房研究丛书·村镇区域规划与土地利用)
ISBN 978-7-301-32538-4

Ⅰ.①村… Ⅱ.①曹… Ⅲ.①乡镇—城乡建设—研究—中国 ②乡镇—居住环境—评价—研究—中国 Ⅳ.①F299.21 ②X821.2

中国版本图书馆CIP数据核字(2021)第190475号

书　　名 村镇发展变迁与宜居性评价
CUNZHEN FAZHAN BIANQIAN YU YIJUXING PINGJIA
著作责任者 曹广忠　等著
责任编辑 王树通
标准书号 ISBN 978-7-301-32538-4
出版发行 北京大学出版社
地　　址 北京市海淀区成府路205号　100871
网　　址 http://www.pup.cn　新浪微博:@北京大学出版社
电子信箱 zpup@pup.cn
电　　话 邮购部010-62752015　发行部010-62750672　编辑部010-62764976
印 刷 者 天津中印联印务有限公司
经 销 者 新华书店
730毫米×1020毫米　16开本　13印张　205千字
2021年10月第1版　2021年10月第1次印刷
定　　价 45.00元

国家科技支撑计划课题“宜居社区规划关键技术研究(2013BAJ10B01)”研究成果

“中国土地与住房研究丛书”
村镇区域规划与土地利用

编辑委员会

丛书总序

本丛书的主要研究内容是探讨我国新型城镇化之路、城镇化与土地利用的关系、城乡一体化发展及村镇区域规划等。

在当今经济全球化的时代，中国的城镇化发展正在对我国和世界产生深远的影响。诺贝尔奖获得者、美国经济学家斯蒂格利茨(J. Stiglitz)认为，中国的城镇化和美国的高科技是影响21世纪人类发展进程的两大驱动因素。他提出“中国的城镇化将是区域经济增长的火车头，并产生最重要的经济利益”。

2012年11月，党的十八大报告指出：“坚持走中国特色新型工业化、信息化、城镇化、农业现代化道路，推动信息化和工业化深度融合、工业化和城镇化良性互动、城镇化和农业现代化相互协调，促进工业化、信息化、城镇化、农业现代化同步发展。”

2012年的中央经济工作会议指出：“积极稳妥推进城镇化，着力提高城镇化质量。城镇化是我国现代化建设的历史任务，也是扩大内需的最大潜力所在，要围绕提高城镇化质量，因势利导、趋利避害，积极引导城镇化健康发展。要构建科学合理的城市格局，大中小城市和小城镇、城市群要科学布局，与区域经济发展和产业布局紧密衔接，与资源环境承载能力相适应。要把有序推进农业转移人口市民化作为重要任务抓实抓好。要把生态文明理念和原则全面融入城镇化全过程，走集约、智能、绿色、低碳的新型城镇化道路。”

2014年3月，我国发布《国家新型城镇化规划(2014—2020年)》，根据党的十八大报告、《中共中央关于全面深化改革若干重大问题的决定》、中央城镇化工作会议精神、《中华人民共和国国民经济和社会发展第十二个五年规划纲要》和《全国主体功能区规划》编制，按照走中国特色新型城镇化道路、全面提高城镇化质量的新要求，明确未来城镇化的发展路径、主要目标和战略任务，统筹相关领域制度和政策创新，是指导全国城镇化健康发展的宏观性、战略性、基础性规划。

从世界各国来看，城市化(我国称之为城镇化)具有阶段性特征。当城市人口超过10%以后，进入城市化初期阶段，城市人口增长缓慢；当城市人口超过30%以后，进入城市化加速阶段，城市人口迅猛增长；当城市人口超过70%以后，进入城市化后期阶段，城市人口增长放缓。中国的城镇化也符合世界城市化的一般规律。总结自1949年以来我国城镇化发展的历程，经历了起步(1949—1957年)、曲折发展(1958—1965年)、停滞发展(1966—1977年)、恢复发展(1978—1996年)、快速发展(1996年以来)等不同阶段。新中国成立后，国民经济逐步恢复，尤其是"一五"期间众多建设项目投产，工业化水平提高，城市人口增加，拉开了新中国城镇化进程的序幕。城市数量从1949年的136个增加到1957年的176个，城市人口从1949年的5765万人增加到1957年的9949万人，城镇化水平从1949年的10.6%增长到1957年的15.39%。1958—1965年这一时期，由于"大跃进"和自然灾害的影响，城镇化水平起伏较大，前期盲目扩大生产，全民大办工业，导致城镇人口激增2000多万，后期由于自然灾害等影响，国民经济萎缩，通过动员城镇工人返乡和调整市镇设置标准，使得城镇化水平回缩。1958年城镇化水平为16.25%，1959年上升到18.41%，1965年城镇化水平又降低到低于1959年水平。1966—1977年经历"文化大革命"，国家经济发展停滞不前，同时大批知识青年"上山下乡"，城镇人口增长缓慢，城镇化进程出现反常性倒退，1966年城镇化水平为17.86%，1976年降为17.44%。1978—1996年，党的十一届三中全会确定的农村体制改革推动了农村经济的发展，释放了大量农村剩余劳动力，改革开放政策促进城市经济不断壮大，国民经济稳健发展，城镇化水平稳步提升，从1979年的

18.96%增加到1996年的29.4%，城市数量从1978年的193个增加到1996年的666个。1996年以来，城镇化率年均增长1个百分点以上。2011年城镇人口达到6.91亿，城镇化水平达到51.27%，首次突破50%；2012年城镇化率比上年提高了1.30个百分点，城镇化水平达到52.57%；2013年，中国大陆总人口为136072万人，城镇常住人口73111万人，乡村常住人口62961万人，城镇化水平达到了53.73%，比上年提高了1.16个百分点；2014年城镇化水平达到54.77%，比上年提高了1.04个百分点；2015年城镇化水平达到56.10%，比上年提高了1.33个百分点。这表明中国社会结构发生了历史性的转变，开始进入城市型社会为主体的城镇化快速发展阶段。与全球主要国家相比，中国目前的城镇化水平已超过发展中国家平均水平，但与发达国家平均77.5%的水平还有较大差距。

探讨我国新型城镇化之路，首先要对其内涵有一个新的认识。过去一种最为普遍的认识是：城镇化是"一个农村人口向城镇人口转变的过程"。在这种认识的指导下，城镇人口占国家或地区总人口的比重成为衡量城镇化发育的关键，多数情况下甚至是唯一指标。我们认为：城镇化除了是"一个农村人口向城镇人口转变的过程"，还包括人类社会活动及生产要素从农村地区向城镇地区转移的过程。新型城镇化的内涵应该由4个基本部分组成：人口、资源要素投入、产出、社会服务。换言之，新型城镇化的内涵应该由人口城镇化、经济城镇化、社会城镇化和资源城镇化所组成。

人口城镇化就是以人为核心的城镇化。过去的城镇化，多数是土地的城镇化，而不是人的城镇化。多数城镇化发展的路径是城镇规模扩张了，人却没有在城镇定居下来。所谓"没有定居"，是指没有户籍、不能与城镇人口一样享受同样的医保福利等"半城镇化"的状态。2013年中国"人户分离"人口达到了2.89亿人，其中流动人口为2.45亿人，"户籍城镇化率"仅为35.7%左右。人口城镇化就是要使半城镇化人口变成真正的城镇人口，在提高城镇化数量的同时，提高城镇化的质量。

城镇化水平与经济发展水平存在明显的正相关性。国际经验表明，经济发达的地区和城市有较高的收入水平和更好的生活水平，吸引劳动力进入，促进城市化发展，而城市人口的增长、城市空间的扩大和资源利用率的提升，又为经济的进一步发展提供必要条件。发达国家城市第三产业比重达到70%左右，而我国城市产业结构以第二产业为主导。经济城镇化应该是城市产业结构向产出效益更高的产业转型，通过发展集群产业，带来更多的就业和效益，以承接城镇人口的增长和城市规模的扩大，这就需要进行产业结构调整和经济结构转型与优化。

社会城镇化体现在人们的生活方式、行为素质、精神价值观和物质基础等方面。具体而言，是指农村人口转为城镇人口，其生活方式、行为、精神价值观等发生大的变化，通过完善基础设施以及公共服务配套，使得进城农民在物质、精神各方面融入城市，实现基本公共服务均等化。

资源城镇化是指对土地、水、能源等自然资源的高效集约利用。土地、水和能源资源是制约我国城镇化的瓶颈。我国土地资源"一多三少"，总量多，人均耕地面积少、后备资源少、优质土地比较少，三分之二以上的土地利用条件恶劣；我国有500多个城市缺水，占城市总量的三分之二；城镇能耗与排放也成为突出的挑战。因此，资源城镇化就是要节能减排、低碳发展、高效集约利用各类资源。

从新型城镇化的内涵理解入手，本丛书的作者就如何高效集约地利用土地资源，既保证社会经济和城镇化发展的用地需求，又保障粮食安全所需的18亿亩耕地不减少进行了研究。同时，以人为核心的城镇化，能使得进城农民市民化，让城镇居民安居乐业，本丛书研究了我国新型城镇化进程中的"人—业—地—钱"相挂钩的政策，探讨了我国粮食主产区农民城镇化的意愿及城镇化的实现路径。

在坚持以创新、协调、绿色、开放、共享的发展理念为引领，深入推进新型城镇化建设的同时，加快推进城乡发展一体化，也是党的十八大提出的战略任务。习近平总书记在2015年4月30日中央政治局集体学习时指出："要把工业和农业、城市和乡村作为一个整体统筹谋划，促进城乡在规划布局、要素配置、产业发展、公共服务、生态保护等方面相互融合和共同发展。”他强调:“我们一定要抓紧工作、加大投入,努力在统筹城乡关系上取得重大突破,特别是要在破解城乡二元结构、推进城乡要素平等交换和公共资源均衡配置上取得重大突破,给农村发展注入新的动力,让广大农民平等参与改革发展进程、共同享受改革发展成果。”因此,根据党的十八大提出的战略任务和习近平同志指示精神,科学技术部联合教育部、国土资源部(现自然资源部)等部门组织北京大学、中国科学院地理科学与资源研究所、同济大学、武汉大学、东南大学等单位开展了新农村建设和城乡一体化发展的相关研究。本丛书展示的一些成果就是关于新农村规划建设和城乡一体化发展的研究成果,这些研究成果力求为国家的需求,即新型城镇化和城乡一体化发展提供决策支持和技术支撑。北京大学为主持单位,同济大学、武汉大学、东南大学、中国科学院地理科学与资源研究所、北京师范大学、重庆市土地勘测规划院、华南师范大学、江苏省城镇与乡村规划设计研究院、广东省城乡规划设计研究院等单位参加的研究团队,在“十一五”国家科技支撑计划重大项目“村镇空间规划与土地利用关键技术研究”的基础上,开展了“十二五”国家科技支撑计划重点项目“村镇区域空间规划与集约发展关键技术研究”。紧密围绕“土地资源保障、村镇建设能力、城乡统筹发展”的原则,按照“节约集约用地、切实保护耕地、提高空间效率、推进空间公平、转变发展方式、提高村镇生活质量”的思路,从设备装备、关键技术、技术标准、技术集成和应用示范五个层面,深入开展了村镇空间规划地理信息卫星快速测高与精确定位技术研究、村镇区域发展综合评价技术研究、村镇区域集约发展决策支持系统开发、村镇区域土地利用规划智能化系统开发、村镇区域空间规划技术研究和村镇区域空间规划与土地利用优化技术集成示范等课题的研究。研制出 2 套专用设备,获得 13 项国家专利和 23 项软件著作权,编制 22 项技术标准和导则,开发出 23 套信息化系统,在全国东、中、西地区 27 个典型村镇区域开展了技术集成与应用示范,为各级国土和建设管理部门提供了重要的技术支撑,为我国一些地方推进城乡一体化发展提供了决策支持。

新型城镇化和城乡一体化发展涉及政策、体制、机制、资源要素、资金等方方面面，受经济、社会和生态环境等各种因素的影响，需要从多学科、多视角进行系统深入的研究。这套丛书的推出，旨在抛砖引玉，引起“学、研、政、产”同人的讨论和进一步研究，以期能有更多更好的研究成果展现出来，为我国新型城镇化和城乡一体化发展提供决策支持和技术支撑。

中国土地与住房研究丛书·村镇区域规划与土地利用
编辑委员会
2016 年 10 月

前 言

新中国成立以来，尤其是改革开放以来，我国的经济社会发展水平显著提高，城乡发展取得了举世瞩目的成就。20世纪80年代以来，随着经济快速增长和经济结构的转变，大量农村劳动力进城务工，我国城镇化进程快速推进，城市发展日新月异。相对而言，乡村地区的产业发展水平和生产生活保障水平提高较慢。乡村发展相对滞后的问题也引起了各界的高度重视。就现阶段的居民收入、基础设施和社会服务设施建设水平、人居环境质量状况等各个方面而言，乡村依然是我国城乡经济社会发展的薄弱环节，也是新时代经济社会发展的重要领域。随着生态文明建设理念逐步深入人心和“乡村振兴”战略的部署与逐步推进，以及随着城乡居民对生活质量要求的不断提高，村镇聚落的宜居性越来越成为考量乡村发展和建设质量的重要指标。近年来，以宜居性为导向的村镇建设正成为新时期村镇发展的核心任务之一。从而，面向我国现阶段村镇发展状况和新时期发展诉求的科学有效的村镇宜居性评价方法遂成为不可或缺的研究内容。

村镇和城市作为聚落形式，居住和日常生活服务保障功能始终是核心功能之一，宜居性也一直是村镇发展、规划和建设的核心目标之一，但宜居性的概念内涵和人们对宜居性要素指标关注的侧重点在一定程度上具有动态性特征。不同发展阶段、不同发展背景下，村镇发展的重点任务有所不同，村镇的功能也在发展变化。我国幅员辽阔且地域差异明显，村镇发展的地理条件、历史基础、产业特点、发展阶段和文化风俗不同，在快速城镇化背景下村镇发展所表现出的特征和问题更是千差万别。如果按照相同的指标来评价、采用相同的标准来引导、采取相似的规划方案来建设所谓宜居村镇，显然难以取得好的效果。为此，以新时代乡村居民生产生活需求为核心的宜居村镇的规划建设，必须分类开展、因地制宜。为了更好地为村镇宜居社区的规划建设提供方向性建议，有效提升各村镇的宜居水平，本书从村镇发展变迁出发，在梳理了村镇发展历程和功能变迁的基础上，面向新时期村镇发展各方面特征的异同，归纳现今村镇的主要类型和模式，从而进一步明确村镇宜居性概念、分析村镇人居环境特点、构建村镇宜居性指标、形成村镇宜居性评价方法，并最终对全国范围内的样本村落进行宜居性评价。

全书共分为八章，其中第一章绪论，介绍了研究背景与研究思路；第二章与第三章以文献梳理为基础，结合实际的案例村落调研，总结了国内外村镇发展的研究进展，分析总结了中国村镇发展的变迁；第四至第七章利用北京大学 2014—2015 年开展的全国村镇调查数据，归纳了村镇的主要发展模式，分析了村镇的人居环境特点，对村庄的宜居性水平进行了评价；第八章则对全书的研究结论做了总结和讨论。主要研究结论如下：

(1) 中国村镇研究进展较为落后，宜居性研究和分类规划思维尚未得到重视。随着村镇社区概念的推广，宜居水平的提升越来越受到重视，但与之相对应的学术研究依旧集中在城市领域，宜居性研究在村镇领域的进展不足。同时，相比于国际先进经验，中国村镇规划的开展缺乏分类指导、分类规划、分类治理的思维。

(2) 中国村镇发展大致可分为五大阶段，村庄传统的功能空间先后受到非农产业和城镇化的双重影响。根据既有研究，可以将中国村镇发展按历史脉络大致分为传统社会时期、近代至 1949 年新中国成立、1949 年至改革开放、改革开放以来和新农村建设时期。但在后两个时期，村镇的传统功能受到了非农产业引入和城镇化的双重影响，空间形态与建筑形式也随功能的变迁而发生了改变。

(3) 相较于城市，村庄具有非农用地少、人口规模小、经济总量低、人口迁出率高、劳动力较少且老龄化严重、经济结构单一、用地结构简单且建设用地比例较低等特点。

(4) 根据区位和产业类型特点，可将村庄分为六大类，分别是：平原传统农业村、山区传统农林村、养殖业专业村、远山区特色农业村、城郊非农产业村和平原非农产业村。

(5) 我国对人居环境的研究起步较晚，发展相对缓慢，而与对城市宜居性的研究相比，对村镇宜居性的研究则更滞后。现阶段我国村镇社区的人居环境具有对自然环境的依赖性、区域空间环境方面的边缘性和人文环境系统方面的相对保守性等特点。

(6) 在以人为本原则、层次性原则、实践性原则、综合性原则和可操作性原则的指导下，本书提出了包括外部环境、建成环境和人文环境三个维度的村镇宜居性评价指标体系，具体包括自然禀赋和区位条件两个方面的外部环境指标，发展、安全、舒适、便捷、服务等5个方面的建成环境指标，以及村庄风貌和情感联系两个方面的人文环境指标。采用熵值法和专家打分法辨析和确认评价方法，对样本村进行了评价，并对宜居性评价的差异性及其空间特征进行了分析和总结。

本书的成稿经历了一个较长的时间过程。核心内容源于北京大学承担的“十二五”国家科技支撑计划课题“宜居社区规划关键技术研究”(课题编号:2013BAJ10B01)。该课题属于“村镇宜居社区与小康住宅重大科技工程”项目(项目编号:2013BAJ10B00)。课题在实施方案研讨和执行过程中，科技部中国农村技术开发中心的领导、项目负责人、项目和课题层面的技术咨询专家、课题技术成果验收专家，在各个环节给予了热诚的关心和指导。北京大学项目组和课题任务研究组、同济大学彭震伟教授课题组、江苏省土地勘测规划院严长清副院长课题组的成员多次参与了技术研讨。样本调查是一项复杂而有意义的工作，调查工作开展中，住房和城乡建设部村镇建设司、样本省市住房和城乡建设部门有关领导在样本选取和研究方案修正方面给予了不吝指导，样本村镇的地方领导和受访村民给予了大力支持。

感谢各位对本书提供帮助和支持。当然,文责自负。

最后,需要指出的是,村镇发展和规划建设涉及方方面面,区域差异性和历史发展的阶段性都增加了村镇变迁的复杂程度和认知难度。希望本书做的些许探讨能起到一点儿抛砖引玉的作用。限于作者水平,肯定有不少不足之处,敬请批评指正。

曹广忠

2021 年 3 月

目 录

第一章

绪 论

一、研究背景与基本思路

(一) 研究背景

新中国成立以来,随着经济社会发展水平的逐步提高,我国的城乡结构和建设面貌都发生了巨大变化。1949 年我国总人口 5.4 亿人中有 4.8 亿人居住在乡村,人口城镇化率仅 10.6%,是典型的农业大国。1978 年改革开放时,人口城镇化率 17.9%,9.6 亿人总人口中有 7.9 亿人居住在乡村。1995 年,总人口 12.1 亿人,城镇化率 29.0%,乡村人口也增长到 8.6 亿人。此后,随着城镇化水平持续快速提高,乡村人口比例和总量均下降,到 2019 年,总人口 14.0 亿人,城镇化率 60.6%,乡村人口减少到 5.5 亿人。这种城乡结构变化是我国经济社会发展的结果和体现,与经济社会发展水平的提高是相符的。2019 年全国农村居民人均可支配收入 16 021 元,比 1978 年(134 元)有了显著提高。与大多数国家的发展历程一样,在经济社会发展和城镇化水平提高的过程中,我国也出现了城乡差距拉大的现象。1978年时我国城乡收入比为2.56,在经历了一系列波动变化后,近年来开始逐年下降,但2019年城乡收入比仍为2.64。

从规划建设水平来看,与城市规划建设实践和针对性技术的快速发展相比,乡村地区的建设任务依然艰巨。在经济社会快速发展和城镇化快速推进的过程中,我国的城市发展取得了举世瞩目的成就。虽然不同区域和不同类型的城市在城市设施水平和人居环境建设方面存在差距,但整体而言,城市基础设施和社会服务设施比较齐全,城市居民的生产生活服务供给可以较好地得到保障,面向城市各项建设的规划设计技术体系和技术标准也日益完善。与此相比,我国乡村地区的规划建设无论从针对性的技术方法还是从建设实践方面看,都远远不能很好地满足乡村发展和农村居民生产生活需要。为指导和规范乡村地区村镇规划、加强村镇建设和管理工作,我国于1994年开始实施《村镇规划标准(GB 50188—93)》,对全国村庄、集镇和县城以外的建制镇的规划做出了明确的技术要求。后来为适应城乡发展变化和村镇地区发展实践需要,原建设部发布了《村镇规划编制办法(试行)》(建村〔2000〕36号),对村镇规划技术办法做了进一步明确。关于村镇规划,新版的国家标准更名为《村镇规划标准(GB 50188—2007)》,颁布于2007年,规定了村镇的人口、各项用地指标、交通以及公共设施规划的标准,对村镇社区规划的普遍问题具有指导意义。但相对于近年来的快速发展而言,针对性的村镇规划建设技术和措施在一定程度上是滞后的。

村镇生产生活受地理环境的影响更大,在城乡结构和技术水平快速变动的背景下,村镇发展和规划建设具有比城市更强的多样性和动态特征,针对性地研判和指导村镇规划建设难度较大。我国地域辽阔,自然和人文要素及其组合关系复杂,乡村地区受地理条件、产业特色、发展阶段和文化传统的影响,在功能表现形式和聚落风貌特征方面多种多样,村镇发展所出现的问题千差万别,因此《村镇规划标准》在现实工作中表现出的局限性日益明显。各地村镇社区规划在实践中均进行了一些有益的探索,学者也对特定区域的规划重点有一定论述,但是由于缺乏对村镇宜居社区进行识别和模式判断的方法，目前在因地制宜地制定村镇社区规划方面仍然存在大量问题。在规划方法上，国外学者普遍认为传统的城市规划理论难于指导村镇社区规划，强调村镇区域规划应立足于乡村地域的本土化规划方法，形成立足地方的规划成果。对于村镇空间发展类型和模式的差异性，在研究和实践领域已经引起普遍重视，然而系统的理论研究和实践总结、对现存矛盾的剖析和对趋势性问题的研判，还远不能满足城镇化后期村镇发展实践和乡村居民对宜居环境的需求。

在发展理念转变和“乡村振兴”战略实施背景下，客观认识村镇发展的多样化和动态性特征，以宜居性目标来引导乡村发展，具有更强的现实意义。党的十八大提出：“我们一定要更加自觉地珍爱自然，更加积极地保护生态，努力走向社会主义生态文明新时代。”随着生态文明建设理念逐步深入人心，人们对发展方式转变、生态环境质量和人居环境更加注重。现阶段农村是我国城乡经济社会发展的薄弱环节和重要领域，较长时期以来党和国家对农村发展问题高度重视。党的十六届五中全会提出建设社会主义新农村，党的十七届三中全会通过的《中共中央关于推进农村改革发展若干重大问题的决定》中明确地做出了“加强农村社区建设，保持农村社会和谐稳定”的指示。党的十七届五中全会又进一步强调“加强农村基础设施建设和公共服务，建设农民幸福生活的美好家园”。

党的十八大明确提出：“坚持把国家基础设施建设和社会事业发展重点放在农村，深入推进新农村建设和扶贫开发，全面改善农村生产生活条件。”党的十九大明确提出要实施乡村振兴战略，指出要坚持农业农村优先发展，按照产业兴旺、生态宜居、乡风文明、治理有效、生活富裕的总要求，建立健全城乡融合发展体制机制和政策体系，加快推进农业农村现代化。2018 年国务院印发《乡村振兴战略规划（2018—2022 年）》，明确了乡村振兴战略措施和阶段性目标。

（二）基本思路

基于以上认识，可以认为我国乡村地区的发展和规划建设取得了长足进展，但相对于城乡整体发展水平和城市规划建设实践及理论方法，乡村地区的规划建设任务更重；由于乡村生产生活与自然环境和自然条件的关系更紧密，作为一种聚落形式，村镇生产生活具有更强的多样性和复杂性；在经历了快速的城乡发展和社会结构变化，并伴随着城镇化后期村镇格局变迁、逐步深入人心的发展理念转变和新技术快速应用的背景下，村镇宜居性建设的现实诉求和评判标准都具有复杂性特征。一方面，村镇的功能变迁和功能结构有时代性特征，也有内在规律；另一方面，对村镇宜居性的认识和评价，难以一概而论，要遵循村镇发展的差异化背景所表现出来的类型特征。

为此，本书把简要梳理我国村镇变迁和认识地理差异性作为分析的基础，进而从自然和社会要素来辨析村镇宜居性的概念内涵（图 1-1）。

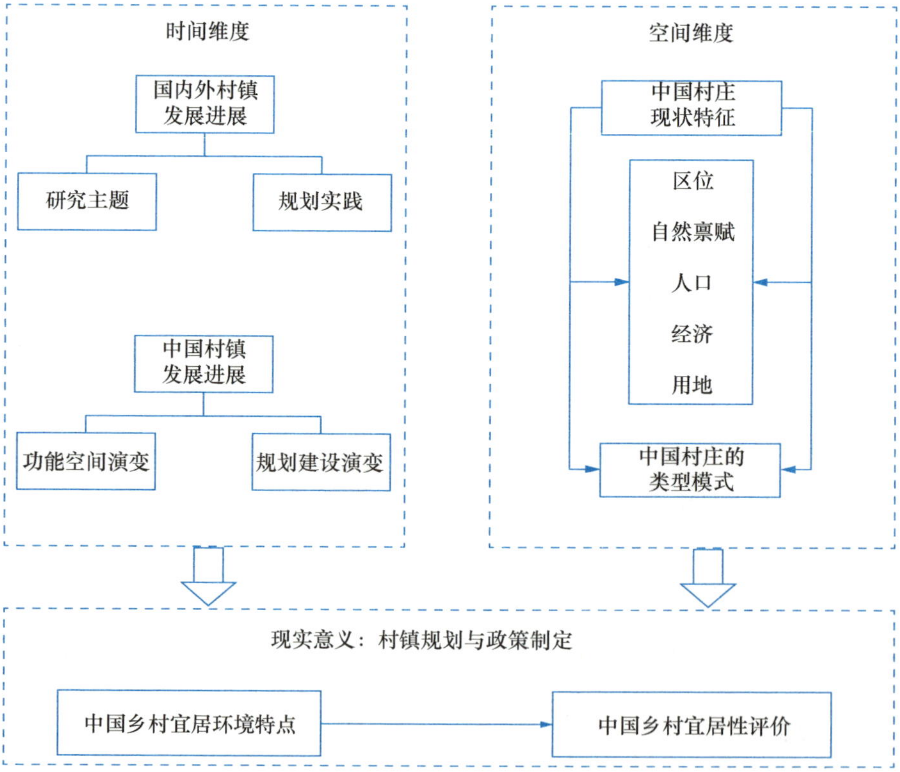

图 1-1　研究思路

时间维度上，简要梳理中国村镇的历史变迁。按照时间段，概括村镇的历史阶段，回溯中国村镇一般发展过程；结合村镇案例，分析村镇社区功能空间的变迁与机制，对村镇社区功能空间进行分解梳理，探讨快速城镇化背景下的村镇功能的时代变革。

空间维度上，开展大范围的样本调查，弥补常规统计资料在体现村镇现实特点方面的不足，采用调研资料与统计数据相结合的方法，研究当代村镇的共同特征和区域特征，并构建村镇社区分类的基本框架和指标体系，对现阶段的村镇社区进行类别划分和典型模式提取。

从地理景观、人口经济结构、社会关系等方面界定村镇社区的概念，进一步研究村镇宜居性的内涵及外延。在此基础上，探讨村镇社区宜居环境特点。并基于宜居特点，研究村镇社区宜居性评价的指标体系和评价方法，多层级、多方面对不同类型的村镇社区制定宜居标准，并对村镇的宜居性水平进行综合评价。

关于书中的概念，需要做一个说明。乡村地区是相对于城市而言的一种地域类型，从人们居住和生活所依托的地理单元的角度而言，乡村与城市有所不同。城市视角下，由于城市是第二、三产业的聚集地，也是以第二、三产业生产活动为主的劳动力及其家庭成员居住和生活的场所，所以城市既是生产空间又是生活空间，人口密度、建筑密度和经济密度都比乡村高。而在乡村地区，从居住和日常生活的角度来看，村镇是一种聚落体系，村落是以农业活动为主的乡村居民的居住地；镇是一定范围内村落的中心，有一定的服务功能和非农产业活动。但从生产活动空间的视角看，村民的生产活动范围远远超过居住集聚地即乡村聚落的边界。从空间上看，有作为行政单元的村域、镇域与作为聚落单元的村落和镇区之分。

当然，从功能上讲，村域与村落、镇域与镇区是分不开的，村和镇在规模上和功能上都有所不同，但也很难分开论述。所以，在本书中，村、镇、村镇、村镇社区概念不可避免地都出现了。在讨论功能变迁、相互联系等问题时，难以就村落论村落；在讨论宜居性时，如果将这个乡村地域纳入，则又很难较好地表征且与日常人居环境及其影响因素的关系不符。所以，书中在讨论村镇发展时采用相对较宏观的视角，在分析宜居性时则采用尺度相对小一点儿的村落的概念。书中村镇社区主要指村民居住和日常生活所在的村落。

二、研究对象与主要内容

（一）研究对象

本书的研究对象是中国不同区域、不同发展阶段的村镇。具体来说，通过研究不同区域、不同发展阶段村镇的特点，总结出村镇的共性问题，提取典型宜居社区，制定出不同区域、不同发展阶段的村镇的宜居标准与指标。在研究的过程中，选取相应的村庄进行典型案例分析，在选取的过程中保证村庄的选取符合分类标准，并具有该类型的典型特点。

（1）研究村镇社区的发展历程和村镇社区内部功能空间组织关系与演化机理，尤其是我国快速城镇化对村镇社区功能的影响。

（2）研究现阶段中国村镇发展的特征，包括自然禀赋、区位条件、规模、人口结构、经济结构、土地结构等方面。

（3）基于村镇人口规模与土地利用模式，制定村镇社区类型划分指标与方法，确定村镇社区所对应的层次体系与类型模式，提出现阶段我国村镇社区的典型类型。

（4）面向不同区域、不同发展阶段的村镇社区，提取村镇宜居特征，包括外部环境、建成环境、人文环境等方面。

（5）基于村镇宜居环境特点的梳理，制定村镇宜居社区的衡量指标体系，形成我国村镇社区宜居性评价的技术方法体系。

（二）主要内容

本书通过梳理国内外村镇发展研究进展、分析我国村镇发展历程与功能演进、明晰现今村镇特色和村镇模式、提出村镇宜居性问题，并制定宜居性评价指标体系，以期为我国不同地区、不同类型村镇社区的规划建设提供目标方向，探索提升各类型村镇宜居性的方式方法，为我国村镇建设水平的进一步提升打下较好的基础。研究从时间和空间两个维度展开，并最终集中到宜居性问题和评价这一基础出发点上。

本书共分为八章，章节安排如下：

第一章，绪论。介绍全书的研究背景，简述研究的思路、方法和内容。

第二章，村镇研究与规划实践进展。梳理宜居社区的定义、规划理论及国内外相关实践，总结村镇宜居社区规划的布局原则、规划思想和设计理念，结合中国政策环境，寻找适于解决当代中国村镇发展面临问题的可能途径。

第三章，中国村镇发展变迁。梳理中国村镇发展变迁，按照时间维度，概括村镇发展的历史阶段，回溯中国村镇的一般发展过程。结合村镇案例，分析村镇社区功能空间的变迁与机制，对村镇社区功能空间进行分解梳理，探讨在快速城镇化背景下村镇功能的时代变革。

第四章，中国村庄现状特征。基于2014—2015年开展的农村调研数据，解析中国村庄在自然禀赋、区位条件、村庄规模、形态结构、人口结构、经济结构、土地结构等方面的现状特征。

第五章，中国村庄的类型模式。在现状特征的基础上，结合既有的村庄类型模式划分研究，制定针对中国当代村庄类型模式划分标准与体系，并根据该指标体系划分全国村庄类型，作为宜居性评价中分类评价的基础。

第六章，中国乡村宜居环境特点。研究中国乡村现状存在的宜居性特点，包括外部环境、建成环境和人文环境等方面，明确村镇宜居性的概念和内涵。

第七章，中国乡村宜居性评价。综合宜居性共性问题的提取和既有宜居性评价体系的研究，制定适宜我国乡村的宜居性评价体系和评价方法，并利用该体系方法和类型提取模式对中国乡村宜居性进行综合和分类评价。

第八章，结论与讨论。总结全书，归纳主要结论。

第二章

村镇研究与规划实践进展

一、村镇发展研究进展

(一) 村镇社区的概念

社区在英文里称作“community”,源于拉丁语,意思是指共同的东西和亲密的伙伴关系。自社区概念被提出以来,一直是社会学研究的对象,后来逐渐成为人类学、地理学、政治学等学科的研究对象。作为社会学的名词,第一个提出社区这个术语的是德国社会学家斐迪南·滕尼斯,他在1887年出版的《共同体与社会》一书中指出,“Gemeinschatf”(共同体)表示由具有共同价值观念的同质人口组成的关系密切、守望相助、富于人情味的社会团体。滕尼斯的社区概念是在欧洲工业化初期资本主义工业经济下,社会发生巨变的背景下提出的,用了类型学的方法。第一次世界大战后人们由于对资本主义制度造成的社区混乱和人际关系淡漠逐渐感到厌倦,对滕尼斯的社区概念也赋予了新的意义。“Gemeinschatf”在翻译成英文时译为“community”。20世纪30年代,当社会学被介绍进中国时,“community”被译成了“社区”，我国社会学家费孝通在《乡土中国》一书中也指出，社区是以一定地域为基础的社会群体(费孝通，1948)。继滕尼斯以后，美国芝加哥学派的帕克等人又在其基础上加上地域的含义，发展了社区的概念。此后，中外学者广泛运用人类学、生物学、现象学、存在主义、结构主义、后现代主义、种族主义、女性主义等哲学社会学思潮对社区进行探究，产生了形形色色的社区定义。在众多的社区定义中，大部分都涉及三个重要的因素：地域、共同联系和社会互动。

对于社区，国内外的学者都给出了一些定义。国外学者对社区的研究主要有三种：作为地理位置，即表示在一个特殊的地域中生活的人类群体的地理位置，这不是一个社会学的定义，因为没有涉及居民或者他们之间的交往；作为地域性的社会系统，即全部或大部分发生于一个地域内的一系列社会关系；作为一种关系类型，即作为个体之间的认同感。

国内学者对于社区也有不同的定义类型。《中国大百科全书社会学》指出：“社区是指以一定地理区域为基础的社会群体。”郑杭生(1994)认为，社区是进行一定的社会活动，具有某种互动关系和共同文化维系力的人类群体及其活动领域；社区应该是指可以满足居住和生活在其中的居民的基本需要的居住区。社区就是区域性社会，换言之，社区就是人们凭感官能感觉到的具体化了的社会。

因此，基于“社区”概念的本质，村镇社区应当是在一定乡村地域空间内，由血缘、地缘或业缘而结合形成社会群体及其活动的空间，它是乡村社会的基本构成单元和空间缩影。

具体来说，村镇社区有以下内涵：① 地理景观上，村镇社区同时具有自然景观与人文景观，其中自然景观为主，并且农业景观和低密度分散居住景观相结合；② 人口及经济构成上，村镇社区的经济结构较为单一，经济性质从自给性到商品性均有，专业分工不够发育，大部分人口组成为农业人口；③ 社会关系上，村镇社区仍以地缘、血缘为基础，依靠地方感、宗族制度等维持村镇的社会关系，社会层次较为单一；④ 文化环境上，村镇社区具有较强的传统意识和认同意识，地方文化及地方感对维系村镇基本功能的运行和对村镇的良好治理起到了重要的作用，在一定程度上形成具有一定稳定性的社会空间系统；⑤ 生活习惯上，村镇社区生活节奏慢，生活方式单调，生产与生活方式结合在一起。

（二）村镇规划研究进展

国内关于村镇规划的研究在改革开放后发展迅速，从研究课题的发展来看，不同时期各有侧重。从改革开放初期到20世纪90年代中期，主要研究课题集中在新村规划与旧村改造，研究内容包括新村布局（任世英等，1992；金其铭，1983）、村庄规划模式（周桂明，1994；刘东辉，1993）、旧村规划改造技术（才则，1982）等。从20世纪90年代中期到21世纪初，随着城镇化水平的提高，乡村地区人口不断外流，研究重点集中在农村的"空心化"（高文红，2001）、迁村并点（刘琳 等，2002）以及城市边缘区的村镇规划（胡智清 等，2003；刘韶军，2000）等，研究主要从节约土地出发，提出加强中心村建设和调整村镇空间布局等一系列村镇空间重构和村镇城镇化的实现路径。

近年来，随着城乡差距的不断扩大，城乡统筹、城市反哺农村等成为新的研究课题，提出村镇规划应注重产业发展（杨克明 等，2006）、人居环境建设（温晓勇，2006）等方面，强调规划的可持续性和综合性。其中，讨论重点包括以下三个方面。

1. 村镇基本公共服务均等化的实现路径

2012年，国务院印发《国家基本公共服务体系"十二五"规划》，提出要在2020年实现"城乡区域间基本公共服务的差距明显缩小"，基本实现"基本公共服务均等化"。一直以来，公共服务设施的配置都是我国村镇规划的重点，很多学者从众多视角对村镇公共服务配置的理论和方法做了大量研究和探索。在研究改进设施配置效率的过程中，对公共服务设施使用规律的研究是基础性的，如张仁桥（2010）指出村镇公共服务设施配置的效率目标是指在一定的预算约束下，配置一定数量和规模的公共设施，使得居民使用公共服务设施的出行总距离或总成本最小化。在公共服务设施的配置方法上，李强等(2010)通过对北京的案例研究发现，所有村镇按统一标准配置公共服务设施的做法并不合理，应当考虑多个村庄的设施共用，提高公共服务设施配置效率。胡畔等(2011)对南京的研究也发现，在当前按较为均等的指标配置教育设施的情形下，南京的城市边缘地区普遍存在教育资源供大于求而主城区优质资源供不应求的情况。这些问题均说明公共服务均等化的传统技术是有待优化的。对此，一些研究提出一些新思路，陈振华(2010)提出“临界规模”的概念，认为如果村庄人口过小则不足以支撑公共服务设施的正常运行，因此建议以中心村为核心配置公共服务设施。梁增敏(2010)认为，应该提倡合作共享式的公共服务提供方式，避免重复建设。杨细平(2007)则认为，可根据不同建设主体将公共服务配置方式分为借用型、合建型和独建型，分类配置。

2. 村镇自然及文化特色的保护与传承

村镇与城市的一大差别在于村镇与自然的关系更加密切，村镇形态受地域性因素的影响更强，从而在长期发展过程中也形成了很多地方特色。但近年来许多村镇规划存在着将问题简单化、一刀切的现象，致使很多村镇出现了对地方特色的忽视乃至破坏现象。对此，很多学者进行了探索。韩波等(2012)提出村镇特色是地域内自然、产业、社会和文化等各个要素构成的综合体，显著区别于城市及其他地方，具有特定的价值。唐燕(2006)以嘉兴凤桥镇为例，提出在规划中应当在镇域范围内明确需要保护的水乡文化载体，同时注重村落传统布局模式的保留与水乡特色的挖掘。卜雪旸(2012)则以闽北村庄和小城镇规划为例，强调村镇规划需关注地域文化的原真性和多样性，保护村镇独特的自然及人文景观。

3. 村镇规划与土地规划的协调方式

村镇空间规划中涉及的空间布局、村庄建设、耕地保护都与土地利用规划相关联，如何协调两者的关系，一直备受关注，尤其是近来我国开始关注空间规划体系的整合与重构，大力推进多规协调，二者之间的关系研究更为重要。在这方面，目前的研究主要集中在城市规划与土地利用规划方面，对村镇规划的关注还有待加强。已有研究中较具代表性的是梁湖清等(2002)针对当前我国农村现代化建设中村镇建设与耕地保护的突出矛盾，对村镇规划和土地规划的异同点、现实矛盾做出了比较与分析，并提出“两规”协调的关键在于科学划定基本农田保护区和规划建设区。

二、村镇规划的研究主题

近年来，国外的村镇规划研究重点主要集中在提升规划编制过程的科学性和加强规划编制内容对现实问题的响应力度上，认为村镇规划应不断提高公众参与程度并积极应用新技术和新方法，与此同时，村镇规划需在编制内容上及时对村镇发展受到的威胁及人们对村镇发展新的诉求进行回应。在研究方法上，在问卷调查、文献分析等传统方法之外，学者们更注重定量分析方法的应用，如建立模型、构建评价指标体系等。具体来看，研究主题主要可分为以下四个方面。

(一) 应对城市蔓延对村镇空间的侵蚀

快速工业化和城市化带来的城市无序扩张影响原有的村镇空间秩序是很多发达国家面临的问题，也是很多学者研究的重点。一些研究集中关注城市发展对村镇土地利用带来的影响，如 Antrop(2004)以欧洲为例，发现受到城市发展影响的村镇主要可分为三种类型：其中距离城市较近的大部分村镇往往随着城市的扩张而完全被城市化，但由于城市发展往往有特定的轴向，也使得部分距离城市很近的村镇成为“阴影”地区从而保留较为原始的村镇风貌，此外，距离城市较远的村镇地区受到的城市影响往往较为零散，其空间格局往往更为破碎化。Zasada(2011)则发现在产业形态方面，距离城市较近的村镇受到城市居民需求的影响，原有的传统农业形态逐渐向都市化的、综合性的农业形态转变，给村镇的土地利用形式和空间布局带来很大影响。此外，很多研究针对村镇规划的理论方法进行了反思，其中 Adrian 和 John（2000）认为传统的村镇规划方法加速了农村地区的城市化进程，并提出新的规划思想必须立足于三条原则：一是深刻认识村镇区域与城市化地区的关系，必须意识到城市化是一个过程，但村镇区域不应理所应当地被认为是城市化过程的扩展区域；二是要充分利用市场机制和措施以调节村镇地区土地的供求关系，尤其要加强对农用地和开放空间的管理；三是规划思路与成果要与周边区域相协调，以保证规划的可实施性。Maruani 和 Amit-Cohen（2007）针对乡村地区公共空间不断被侵蚀的状况，认为完全依靠市场机制会给公共空间的配给带来失灵，提出必须依靠一定的规划手段来保障公共空间的配置，并在系统比较后总结出了几种有效的公共空间规划模式，如按机会成本研究配置可行性、按定量标准配置、建设公园体系等。

（二）综合提升村镇空间质量

促进村镇地区生活、生产、生态协调发展是近期关注的重点，其中保护乡村传统风貌和文脉以及保障生态空间和生态系统服务的提供是问题焦点。部分学者就人们对于乡村土地利用的需求和偏好进行了研究。David 等（2002）发现近来美国乡村的经济、文化和土地景观进入了持续和剧烈变化的阶段，而那些具有良好的自然资源禀赋，如水体丰富、森林茂密、风景优美的地方，越来越受到人们的喜爱；Sevenant 和 Antrop（2010）通过定量分析发现相比于城市化地区，乡村地区独特的美学价值更受到人们的喜爱；此外，Tassinari 等（2013）还认为乡村景观在历史价值体现和自然及人文旅游方面具有不可替代的价值。具体到规划层面，Pieter（2000）以荷兰兰斯塔德地区为例，探讨了大城市周边的村镇如何在城市发展的趋势中保证生态环境不被破坏，提出一种将基础设施和生态绿地与水域规划相结合的规划方法，以形成可持续的空间发展模式。Burghard 等（2008）则提出了一种综合考虑经济发展、生产生活需求及自然资源保护等原则的多目标规划框架，以得到最优化的土地利用决策方案。

（三）促进村镇规划的公众参与

公众参与在提升规划可实施性方面的积极作用早已得到证实，村镇规划由于其明显的地域性使得保障公众参与显得更为重要。Kerselaers 和 Rogge 等（2013）采取深度访谈的形式，对比利时佛兰德斯乡村规划中各利益相关者的决策方式和角度进行了分析，发现乡村规划是一个非常复杂的过程，若要最大化地保证规划公平并使得过程中的冲突最小化，则需要尽量让每种类型的利益相关者都参与到规划过程中去，尤其是要保证公众的参与程度。Amanda 和 Robert（2008）则研究了快速发展地区的乡村居住开发和当地居民的“地方依赖”心理之间的关系，并进而探讨了“地方依赖”心理对乡村传统自然环境保护以及土地利用策略的影响，发现村民的“地方依赖”心理对乡村保护具有积极的影响，进一步证实了公众参与在村镇规划中的重要性。David 和 Victoria（2008）则在对墨西哥的研究中发现公众参与对解决农村贫困、促进村镇发展有着积极作用。但在此之外，也有研究发现村镇规划中公众参与程度的提高显著提升了规划决策成本，如 Curry（2012）基于英国的研究发现成本的升高主要源于组织成本、机制体制设计成本的升高以及普通公众专业知识的缺乏与信仰体系的差异。

（四）增强技术工具在村镇规划中的应用

随着信息化的发展，在村镇规划中引入新技术和新工具成为趋势，其作用主要集中在对村镇土地利用变化进行分析、预测、模拟并提供决策支持等方面。Gerrit 等（2002）认为，当前的村镇规划在土地利用配置过程中忽略了对生物物理和社会经济过程、不同用地类型的空间布局及拓扑关系等的分析，从而将导致土地利用破碎化等问题，因此基于 GIS 平台建立了一套综合考虑上述问题的土地利用分配机制。Kim 和 Chung（2005）采用元胞自动机（CA）技术，建立了一套可用于村镇规划的空间拓展模型，主要用于村庄新增用地的预测、布局以及规划结果的模拟等。Brown 和 Brabyn

(2012)以 GIS 为基础建立了一套面向公众的景观评价系统,用于定量分析人们对各类形态村镇景观的价值认知与评价,从而为村镇规划提供一些基础性的理论依据。Tortora 和 Statuto(2014)借助 GIS 成功对意大利南部地区 160 年以来的多幅历史地图进行了识别,并结合近代电子化的土地利用信息,分析了长时间维度上的土地利用变化特征,以更好地对未来土地利用变化的趋势进行预测。

三、发达国家和地区村镇规划建设实践

(一) 村镇规划建设关注的主要问题

西方发达国家的城镇化进程先于我国数十年,也曾面临过当前困扰我国的城乡关系协调、乡村聚落空间重构等问题,伴随着城镇化的推进,城乡规划在这些问题的解决上发挥了重要作用。总体来看,西方发达国家的村镇规划与建设集中关注的主要有三方面问题:

一是如何在城镇化浪潮的冲击下维持乡村对人们的吸引力,从而避免人口的过度流出和乡村的衰退。在这一方面,欧洲各国的经验非常值得借鉴,这些国家的城镇化在战前便达到了较高水平,乡村地区的低收入、不适宜居住的住宅和基础设施使得大量人口向中心城市集中,乡村活力不断衰减的同时城市基础设施的压力不断增加,由此各国政府在战后开始思考如何在乡村地区为离开土地的农民提供就业机会,并致力于重构村镇发展体系以振兴整个乡村地区。

二是如何应对建设空间对公共空间和生态环境的侵蚀与破坏。在这一问题上,美国的做法非常典型。美国国土地域辽阔,因此早期的村镇发展与建设采取一种较为随意的态度,当建设用地扩张逐渐威胁到乡村地区的公共空间和生态环境时,才逐渐意识到控制村镇无序发展的重要性,并随即采取了一系列较为有效的措施。

三是如何解决在工业化、城镇化加速时期出现的城乡贫富差距加大、

城乡关系失调等问题。韩国和日本在这一方面的经验非常丰富，这两个国家在战后均经历了快速城镇化发展，与此同时农村地区的生活水平却停滞不前，贫困率居高不下，由此两国政府积极推进统筹城乡发展的一系列政策，较好地均衡了城乡发展。

针对上述问题，本研究分别选取英国、美国和日本等三个典型发达国家，对其近半个世纪以来的村镇规划政策进行系统梳理，以为我国当前的村镇规划建设提供借鉴。这三个国家的村镇规划政策有着各自不同的侧重点，同时也有其共通之处。

（二）针对主要问题的应对策略

1. 英国：集中力量建设中心村镇

英国的城镇化水平在战前便超过了80%，战后，村镇地区的主要问题集中于基础设施和社会服务提供不足带来的乡村人口外流上。与之相对应，英国村镇规划的政策核心为“乡村发展和保护”，这一观点源自英国政府1942年的《斯科特报告》(*Scott Report*)。

《斯科特报告》是英国历史上第一部有关村镇规划建设的政策性、指导性文件，标志着英国现代村镇规划体系的建立。报告就英国战后村镇地区的建设和发展提出了一系列原则，主要包括：改善乡村住宅和对乡村地区居民提供的社会服务，以便阻止乡村人口的流失；鼓励城市人口以理智的方式把乡村用于休闲目的；在考虑经济运行、就业、乡村社区的福利、保护乡村的自然和历史的景观等因素的前提下，确定工业在乡村地区的布局，在一定程度上限制工业在乡村地区的发展；乡村住宅和其他建筑的开发应当严格执行规划程序；对乡村土地的任何开发建设必须在首先满足农业发展对土地需求和维护农业的前提下进行；建立“国家公园”，整体保护一些具有特殊自然和人文景观的乡村地区(Barry，1999)。

在随后的近半个世纪中，《斯科特报告》确定的上述原则逐渐演变为英国村镇规划建设中的一系列政策及法规，其中最为重要的是两项政策。

一是针对小城镇规划的集镇政策(Market Town Policy),其主要思路是通过分析村镇条件,重点建设一部分新市镇,为即将离开土地的农民提供就业机会(Randall,1994)。在选择集镇的时候,规划师将重点考虑两方面的因素:① 集镇自身的基础条件,如是否有水源,是否有适合工业发展的土地,是否有便捷的公路,在那里的人能否得到基本的社会服务等;② 集镇与乡村的关系,如是否有足够的腹地,能否成为地方服务中心并带动周边就业增长等。

二是针对乡村规划的中心居民点政策(Key Settlement Policy),按照这一政策,所有的乡村居民点分为两类,可以扩张的和不可以扩张的。政府集中投资建设可以扩张的中心居民点,鼓励人口的流入,而让那些不可扩张的小乡村居民点逐步消亡或拆除(Sillince,1986)。

通过以上政策的实行,英国乡村地区逐渐建立起重点清晰的村镇发展体系,增长了村镇地区的活力和发展机会。

近年来,英国村镇建设更为关注村镇系统的综合协调发展。2000年年末,英国政府发布《千年纪村镇与可持续社区》报告,作为未来指导村镇建设的纲领性文件,其中特别注重对村镇居民基础服务设施的建设以及村镇人居环境的可持续发展。

2. 美国:由大规模的郊区和乡村建设转向开发边界划定

1950年,美国总人口为1.5亿人,乡村人口为2500万人。当时,从事农业生产的人平均每人可养活15.5人,农产品生产过剩。在这样的背景下,人们不断地从乡村走向城市,随着乡村地区人口的不断减少,1955年美国联邦政府开始设立乡村发展和村庄更新项目。其中对乡村地区发展产生深远影响的政策主要包括两方面:高速公路建设和住宅区位引导。

1956年联邦议会通过的《州际公路法》提出建设41 000英里(65 983千米)的州级高速公路,这一建设计划显著改善了城市与乡村之间的关系,为美国小汽车的使用和郊区及乡村的开发提供了基本条件。

此外,美国政府也有意识地引导人口向乡村迁移。联邦住宅局(FHA)实行的住宅贷款担保制度鼓励人们在乡村地区建设独门独院的住宅,而不鼓励在高密度的老街区建设公寓楼式的住宅。在住宅区位引导的影响下，购物中心、工业、公司总部等也逐渐开始了郊区化的进程。

但十年后，美国人逐渐意识到这种蔓延式的发展带来的一系列问题，村镇规划建设也由此转向开发边界控制与开放空间保护。其中，城市发展边界（UGB）的规划概念在美国村镇规划中的应用十分普遍，其基本思想是采用环状绿带的形式将村镇的建成区与周围的开放空间分割开来，基础设施和公共服务仅在边界内部提供。在此基础上，保护农田、森林、湿地、公园等开放空间成为村镇地区土地利用的首要原则（叶齐茂，2008）。

当前，美国村镇建设的重点则放在增加农村就业机会和改善农民生活质量上，在村镇社区建设方面，强调加强基础设施建设、提供高薪工作、提高家庭收入、提供娱乐机会与创建美好的地方生活等（USDA，2004）。

3. 日本：三次新农村建设推进城乡均衡发展

日本曾三次大力推进新农村建设，历次指导思想主要通过村镇综合建设规划以及相配套的一系列实施政策得以体现。

第一次新农村建设于1956年开始实施，针对当时农民收入低、生活水平差、农村基础设施落后、农村青年对未来的农业和农村失去信心等诸多问题，提出“新农村建设构想”，其政策目标为，在国家政策和财政支持下，最大限度发挥农民的自主性和创造性，在强化农业基本建设的基础上，推进农民合作，提高经营水平。具体包括三项工作：① 将新农村规划建设的规模确定为900～1000户；② 建立相应的机制体制，成立农村振兴委员会，协同政府部门制定并监督实施农村振兴规划；③ 建立资金筹集机制，其中中央政府补贴40%。

第二次新农村建设于1967年开始实施，集中应对当时工业化、城市化带来的一系列问题，意图达到缩小城乡差距、促进经济均衡发展、消除环境污染等目标。政策重点放在提高农村的生产水平和生活质量上。在改善生产方面，提倡强化暗渠排灌、农用道路、农业防灾等基础设施建设；在改善生活环境方面，提出“把农村建成具有魅力的舒畅生活空间”的目标，改建和新建农民住宅，提高自来水及下水道普及水平，为农民建立集会活动场所，并大力保障教育、医疗等基本公共服务供给（周维宏，2007；李锋传，2006）。

20世纪70年代末，日本又开始了第三次新农村建设，这次活动又被广泛称为“造村运动”。在造村运动中，最具影响的是“一村一品”活动，其宗旨在于使每个村庄充分挖掘自身的优势，开发出至少一种具有地方特色的拳头产品，并力图形成产业基地，打入国内外市场（王宝刚，2003）。

经过长期分阶段推进的综合建设，当前日本城乡之间已基本不存在差距，部分村镇的生产生活条件甚至超过了城市。

综合看来，英国、美国和日本近半个世纪的村镇规划政策各有侧重，英国重点关注区域层面的村镇体系布局以挖掘乡村地区的增长点，美国则侧重村镇建设地区的管控与开放空间的保护，日本更为关注城乡差别消除与村镇产业发展。但总体来说，三个国家的村镇规划建设政策都突出体现了以下几点核心任务：① 提高村镇的居住质量，需保障基础设施和社会服务设施建设力度与质量；② 促进村镇的产业自立能力，注重发挥村民自治力量并挖掘当地特色产业；③ 近年来更加注重乡村、农业、生态的协调发展，提倡自然、历史、生态等的可持续发展。

（三）村镇规划建设实践案例

1. 英国

从英国开始乡村保护计算起，英国村镇规划已有80余年的历史。1926年，英国的乡村保护协会（The Campaign to Protect Rural England，简称CPRE）成立。第二次世界大战后，英国开始实施《城乡规划法案》（Town and Country Planning Act，1947）。乡村地区的规划与管理属英国环境部管辖，自2001年起该部门重组为英国环境、食品和农村事务部（The Department for Environment，Food and Rural Affairs，简称DEFRA）。20世纪90年代，负责英国乡村的规划管理部门是国家乡村委员会（National Countryside Commission）。1999年，乡村委员会与农村发展委员会（Rural Development Commission)合并为英格兰乡村署(The Countryside Agency)。2006年,英格兰乡村署的环境保护部门、DEFRA下辖的自然保护组织“英国自然署”(English Nature)及DEFRA的乡村发展服务部门(The Rural Development Service)合并,组合成为新的英格兰自然署(Natural England)。

多年来,过去的英格兰乡村署和现在的英格兰自然署致力于保护和增强英格兰的乡村环境,促进乡村地区社会和经济发展,促进对乡村环境的利用和享受。他们处理的乡村事务包括资源保护、景观保护、保护区管理、乡村旅游休闲等,并通过许多研究和出版物,奠定了与学界和民众的广泛交流。

(1) 英国农业及土地政策

英国早期的农业发展政策可以追溯到15世纪末16世纪初的圈地运动,18—19世纪,经历了农业革命的英国,是欧洲最先进的农业生产国。但是到19世纪末20世纪初,“重工轻农”政策的实施导致农业逐步衰退,生产能力大幅下降,农产品贸易出现极大逆差,本国制造的农产品受到外来产品前所未有的竞争压力。

第二次世界大战期间,英国农产品过度依赖进口,受到了国际农产品市场的严重配额限制。在此背景下,英国于1947颁布实施了战后第一个《农业法案》(Agriculture Act),其核心为政府干预农业市场,通过发放补贴的方式,强化对农业耕地的保护。农业补贴政策在战后初期确实取得了很大的成功,英国农业产量有了大幅提高。

但英国农业在国际上的竞争力仍然处于弱势,出口的不足造成了国内农产品的过剩现象。尤其是20世纪50年代,各国政府的保价体系造成了世界粮价的下跌和随之的成本上涨,使英国国家财政不堪重负,仅仅10年间,政府不得不开始缩减对农业的补助。1957年农业法修订的核心是限制农业方面的高额公共支出。20世纪60年代初,为了进一步减少成本,政府采用“定额支持系统”,只对有限的重要农产品进行补贴。同时英国也开始实施农产品进口控制,以保护国内产品免受国际市场中粮食过剩的冲击。

与此同时，由于城市发展过于集中，英国部分村镇出现人口过剩，居住环境遭到严重破坏。1946年《新城法案》(New Town Act)颁布，新城营造运动在全国范围内开展。英国城市居民产生了对“田园生活”的向往，出现了典型的“逆城市化”现象。以霍华德的花园城市为代表的观点崇尚将乡村地区作为远离城市拥挤与喧嚣的避难所。城市居民的迁入对乡村社区生活产生了很大的影响，加速了传统乡村社区的消失，也产生了相应的社区内部冲突。1947年，英国《城乡规划法案》(Town and Country Planning Act)颁布，它是第二次世界大战之后建立的整个规划体系的奠基石，该法案对于乡村地区的开发建设采取了严格的控制政策，以阻止乡村的无序发展和城市蔓延。

(2) 英国乡村及农业景观保护

20世纪70年代以后，乡村人文和自然景观的保护和管理逐渐成为村镇规划的重点。1949年颁布的《国家公园和享用乡村法案》(National Parks and Access to the Countryside Act)把保护乡村历史和景观写入法律条文，并设立了国家公园委员会，其职能主要包括：① 保护乡村景观，维护国家公园和地方自然风景区的风貌和特色；② 为国家公园的运营和维护提供设施保障；③ 指定国家公园；④ 指定地方自然风景区；⑤ 协助地方当局，为国家公园和自然风景区保护提供意见。

为了保证公众在住区的娱乐休闲，法令规定国家公园内的任何土地都可能被政府协议收购或强制征用。其后在1968年颁布的村镇规划法中扩大了国家公园委员会的功能，同时赋予地方政府在乡村保护方面的权力，并设立了乡村委员会，负责乡村建设过程中的基础设施和服务设施改善，以及对乡村自然和人文景观实施保护。进入20世纪70年代，政府通过1971年的规划法案给予当地规划部门以审查权，用以强制性限制和调整土地所有者对土地的利用方式。

从1987年开始，英国政府制定了一系列以土地为基础的农业环境促进计划(Land-based or Agrienvironment Scheme)。其目的在于提升对于农田环境的维护，通过各种补贴方式促使农民在农地上采取对环境友善的操作。补贴范围包括:环境敏感区的指定与保护、乡村环境的管理与维护、现有林地的管理和维护、坡地农场的管理和维护、奖励农地退耕造林、推动有机农业的发展、扩大能源作物种植等。这些农业环境促进计划对英国的农业发展、保护农地资源和保护乡村景观起到了重要的作用。

2005 年以来,英国政府对农业环境保护进入一个新的阶段,原有的上述农业环境计划被合并,而代之以两类环境保护计划:初级层次的环境保护计划(Entry Level Stewardship)和高级层次的环境保护计划(Higher Level Stewardship)。初级层次的环境保护计划对国家所有农民开放,要求基础性的环境管理措施,例如树篱管理、石墙维护、低投入的草场维护、隔离带、传统农舍维护等。高级层次的环境保护计划则针对有较高需求的地区,为农民提供更多的建议和支持,支持更复杂的环境管理措施,如修复绿篱和传统农舍。在农场和牧场中,由树木或灌木组成的绿篱纵横镶嵌在田地的边缘,林地、石墙、绿地的保存,使这些耕地仍然保留着一定的历史文化氛围。

除此之外,也有一些特别的项目关注农业景观要素的维护,例如新农业景观项目。新农业景观项目是在英国农地整理使土地合理化使用之后,针对大规模的景观和环境恶化(树篱总长度减少,林地面积减少,池塘消失或退化等)而采取的弥补性措施。具体包括在特定地区植树、修复和增加树篱、修复池塘、管理已有林地等具体的、易于农户操作的多种措施。

英国鼓励尽可能在工业宗地上或者已知的已开发用地上进行再开发,而不在乡村的绿地空间上开发。开发的重点区域是城市边缘区及已建乡镇,在乡村开放空间中修建新的建筑受到严格的控制。

在景观规划方面,英国关注保护乡村景观的自然美和保护历史文化特色,实施乡村景观特征评估。对乡村的遗产、景观、生态价值进行综合评估,在此基础上将乡村划分成若干景观类型分区,并列出各分区内重要的景观特征及相关的景观要素,例如特有的地形地貌、石墙、树篱、特有的石材、建筑的形态等,作为日后乡村规划和设计的依据。最终的目的是确保重要的景观特征不消失。

(3) 英国土地保护措施

英国主要采用三种机制实行对农村土地和景观的保护：一是设置绿化带；二是设置国家公园；三是划定“杰出的自然景观地区”。

英国的绿化带并不仅指丛林、草地，而是指农业用地和农村土地，其目的是控制城市蔓延，避免农村土地受到侵占，从而实现对乡村土地的保护和管理。英国有关绿化带的第一个正式官方建议是1935年大伦敦区域规划委员会提出的“提供一个支持公共空间和娱乐地区的保护区，并形成一个绿化带或公共空间环带”。1947年《城乡规划法案》的补充条款允许地方政府将绿化带建议纳入各自的发展规划中。但一直到1955年才明确了绿化带政策的法律地位，中央政府将这个政策延伸到伦敦以外地区，要求地方政府考虑建设绿化带。1988年和1998年英国政府对此政策进行了修编，并一直延续到2005年。通过规划批准的绿化带目前大约覆盖了1 556 000 hm^2，约为英格兰土地面积的12%。绿化带内严格控制新项目的开发，如果开发项目是在现有建筑或建成区内进行“插入式”的建设，规划部门在进行规划审批和管理时必须确保这些开发项目不会对现有乡村特征、景观和环境带来负面影响。

设置国家公园同样是为了保护农村地区的景观和土地性质。继1949年颁布《国家公园和享用乡村法案》之后，1955年《环境法》再次确认了“国家公园”的功能。根据1955年《环境法》，每个国家公园必须成立独立于地方政府、直接由中央政府领导的“国家公园管理局”。每个国家公园管理局在其所辖区域内都具有规划和控制社会经济发展的权力。规划政策明确规定，国家公园内的开发和土地性质的变更必须严格控制。规划政策和相关管理既要考虑国家公园内的居民生活和工作的需要，也要关注对国家公园的生态环境及其自然景观的保护。除非某些开发是为了满足当地居民生活必要的基础设施并对周围环境影响较小，或这些项目是不可避免的、具有重要公众意义的项目，但也要保证项目对乡村环境和景观的破坏确实是在较小的范围内。只有满足这些前提，规划项目才可能被允许在国家公园内建设。

“杰出的自然景观地区”指非常杰出的、具有特色的、国家级的自然美丽地区，有很重要的保护价值。“杰出的自然景观地区”的设置是“国家公园”的附加产品，与国家公园同时诞生。根据《国家公园和享用乡村法案》，全英国有47个建制的“杰出的自然景观地区”，代表了英国最美丽同时也最具特色的乡村地区。“杰出的自然景观地区”通过城乡规划管理和乡村地区的管理实现其主要目的，即：① 强化对乡村自然美丽景观、地质地貌、动植物的保护以及对当地历史和人文的保护；② 保护乡村地区宁静的环境；③ 在自然美丽景观得以保护的前提下及在保护的框架内，开展休闲和娱乐活动；④ 保护农业、林业和其他乡村产业以及乡村社区的社会和经济发展；⑤ 保护当地居民的利益。

2. 美国

美国至今只有200余年历史，其文明史以农村的发展为开端，高强、王富龙(2002)提出农业是美国城镇化初期资本积累的两个主要来源之一，其农业现代化始于19世纪上半叶，直到1870年左右，美国依旧为典型的农业为主国家，全国人口的3/4生活于农村。1870年以后英国第二次产业革命的成果随移民浪潮流入美国，带去以钢铁、石化为代表的产业革命，使得美国经济结构发生由农业转向工业的蜕变，引发对非农业劳动力的需求，使得城市化速度飞涨，1920年城市人口超过农村，1998年城市化率达到76%。美国的城市化进程迅速，究其原因可归结为以下几个方面(汪冬梅，2003)。

(1) 工业化带动农业现代化进程

美国在工业化进程中，以棉纺织工业为首的消费品工业的迅速发展形成了对棉花等原材料的庞大需求，其扩散效应影响和带动了城市周围的基础农业发展。与此同时，20世纪20年代起，美国统一规划建设了道路、水利、能源等一系列重大基础设施，延伸各处的高速和铁路路网为分工化生产带来运输便利，进一步促进工农业的规模化发展；遍及主要江河的水闸堤坝治理了水患和水土流失等生态问题，为农业生产提供水利灌溉支撑。工业原材料的需求和基础设施的支撑双管齐下，共同促进了农业的迅猛增长，并反过来进一步刺激了工业，使工农达到协调发展，共同促进城市化进程。1920年至今，美国城镇人口超过农村人口，城镇化发展速度开始放缓，但人口依旧有向城镇集中的总体趋势。

（2）都市区的发展促进城镇密集区形成

美国的城市结构中，10万人以下的小城镇占城市总数的99.3%，因而在加强大都市圈和城市带建设的过程中，美国尤其重视中小城市和中心镇的发展。自20世纪60年代起，美国实行"示范城市"的试验计划，引导大城市人口分流，带动小城镇发展。在城市化进程中，美国城乡关系协调，二者相互融合，共同发展。王兆君、张占贞（2011）提出第二次世界大战以来，美国经济活动和人口持续由城市中心向中小城市及村镇迁移扩散，村镇和郊区人口比例逐年增加。为推动小城镇的长远发展，美国注重因地制宜培养小城镇的具有竞争优势的主导产业。如旧金山附近的小城镇帕洛阿尔托，人口约5.6万人，充分利用其毗邻斯坦福大学的优势，发展电子科技和生物技术等高新产业，成为世界上最具活力的小城镇之一。近年来，美国着力发展大都市区、城市圈与城市带，以环绕中心城市的卫星城集中群为形式实现小城镇的协同发展。

（3）讲求实效的城镇规划层级体系

美国行政体系由联邦政府、州政府和地方政府三级体系构成。联邦政府不干涉州、地方政府规划事务，地方政府对村镇规划管理拥有很强的自主权。地方政府委托规划机构编制规划，发放规划许可证；基层村镇规划部门负责规定村镇土地具体使用性质及建筑物高度、面积等。在联邦宪法和州法规允许的前提下，社区、村镇的规划体系各有特点，各类规划的编制、审批、实施和修编有很强的法律依据和公众参与机制。规划编制过程中，编制人员要深入社区并制订详细的公众参与计划，编制完成后，需结合地方的需要制订配套的投资建设计划，并由州政府严格执行。此外，村镇规划遵从经济实用和配套发展的原则，城镇基础设施注重实用、功能完善，尤其是城镇道路交通网络拥有极高的密度和发达程度。基础设施是城镇正常运转和长远发展的保证，美国的基础设施建设讲求实效，与群众生活水平相适应，尤为值得借鉴。

（4）重视城镇特色的保留与发扬

在制定村镇规划的过程中，美国十分注重其传统风格的维持，并将之与村庄整体的发展相融合，同时注重景观塑造，强调村庄风貌的美化。如2007年美国斯普林维尔（Springvale）的村庄规划，要求优化村庄结构、保护历史建筑、维持村庄原有风貌；斯梅尔（Smyre）村庄为保护第一次世界大战时期军队露营帐篷建立的绿园，阻止邻近地区项目的开发建设；爱荷华州在2008年的村庄规划中提出新出现的居住地发展必须与现状村庄氛围一致。在对传统文化要素的尊重与保护的基础上，美国村镇规划也注重景观塑造，强调村镇风貌的美化。斯普林维尔村庄规划用街道设施和其他设备优化社区街景，把树木种植与风景结合起来，在村庄中心拓展街道景观要素，提升私人风景点；在斯梅尔村庄规划中，鼓励将装饰性的标志和风景设置在社区出入口。

综上所述，美国在小城镇建设中很重视规划的作用，可以总结为四个特点：① 重视工业反哺农业，达成工农相互促进的良性循环；② 利用大城市的带动作用形成密集城镇区和都市带，小城镇依托大城市一体化发展；③ 精简规划层级、细化规划内容，尽可能满足人的生活需要，注重功能；④ 充分尊重和发扬当地生活传统，塑造城镇不同特点和培育有个性化的城镇。然而，由于美国人口去城镇化趋势的持续加剧，最终导致了“过度郊区化”问题。星罗棋布的居住区围绕中心城市向四周无限蔓延，但工作、娱乐功能仍旧保留于中心地带，这使得有能力通勤的富人迁居郊外，而城内居住的大都是穷人，居住的分化引发一系列城市经济、环境和安全隐患。为实现城镇密集地区的可持续发展，20世纪90年代兴起了一股精明增长和新城市主义的热潮，其主要目的在于对郊区发展实施控制，尤其是在城市扩展的边界地区，应基于承载人口增长的土地容量而确定一个大城市边缘的界限，其具体原则包括土地的混合利用、建筑设计遵循紧凑原则、建设适用于步行的社区、提供多样化交通选择并保证多种交通的有效对接、保护公共空间与自然景观、提高已开发土地和基础设施利用率等。

3. 日本

日本与中国的文化传统有诸多相似之处。明治维新以前，日本是一个以封建小农经济为主体的国家，农业人口占绝对主导地位。明治维新以后，日本致力于改变农村经济结构，优先发展工业，为城镇化提供产业基础，政府依靠财团力量支持工业发展，产生了官办工业发展带。在官商结合的共同推动下，城市发展区大幅向周边拓展，最终形成东京、大阪、名古屋三大中心大城市圈。20世纪50年代，日本经济飞速增长，城市扩张加大了对人口和经济活动的需求，日本步入了村镇建设的高潮期。战后的日本村镇建设大致可以划分为五个时期：① 第一时期为20世纪50年代的粮食增产期，旨在解决温饱问题，因而积极开垦扩种；② 20世纪60年代出现了劳动人口过剩和基础设施落后问题，故日本开始着重加强农业基础设施建设，步入第二时期，提高了农业生产条件；③ 20世纪70年代后，日本村镇建设进入第三时期；④ 20世纪80年代，城乡差距初步缩小，进入调整农业结构、振兴地区经济的第四时期；⑤ 20世纪90年代后，日本步入第五时期，这一时期为农业和农村的综合建设期。日本的村镇建设循序渐进，成果卓著，自规划体系至具体实施细节均有很多可借鉴之处。

（1）日本的村镇规划体系特征

日本的城市规划与地方规划均由日本建设省编制实施，自上而下分为全国综合开发规划、区域规划、城市规划和村町规划，其中村町规划是日本农村最基层的发展规划。建设省下设八个地方建设局，覆盖全国，可行使中央政府的职能，指导各县建设。村町规划以政府为规划主体，组织编制经市、町、村居民讨论并由市、町、村政府审议通过，省政府、农协、学校等团体亦可参与规划。都、道、府、县与市、町、村互相听取意见，分别制定城市综合发展规划和村町发展规划。

（2）村镇综合建设示范工程

陈为(1999)研究发现，从第三时期开始日本社会经济高速增长，农村青壮劳动力持续涌入城市，乡村人口的大量流失使得城乡差异扩大，传统的村落社会结构瓦解，乡村人口呈现老龄化，乡村的生产功能与社会活动也不同程度地弱化，形成农村“过疏问题”。针对这一问题，日本政府制定一系列法律法规，如《过疏地区活跃法特别措施法》《向农村地区引入工业促进法》等带动村镇发展。同时，政府对农村地区的投资力度加大，着力改进农村公共设施建设。1970 年年初，根据村町发展规划，政府实施了“农村综合建设示范工程”（以下简称“示范工程”），旨在改善农村生活环境，缩小城乡差别。

示范工程以村镇综合建设规划为基础进行立项，共分为五个阶段：第一阶段（1973—1976 年），缩小城乡生活环境设施建设的差距；第二阶段（1977—1981 年），建设具有地区特色的农村定居社会；第三阶段（1982—1987 年），鼓励地区居民利用并参与管理各种设施；第四阶段（1988—1992 年），建设自立而富有特色的区域；第五阶段（1993 年至今），利用地区资源，挖掘农村潜力，提高生活舒适性。其具体内容包括村镇综合建设构想（村镇未来前景展望、产业振兴、生活环境建设、社会组织以及地区经营等）、建设计划（村落、道路、上水道、排水设施、土地用途划分、工商设施、公共设施的建设目标）、地区行动计划等。示范工程实施主体为政府，其中投资费用的 50％由中央政府承担，其余由各级政府分担。示范工程对日本村镇建设发展起到了极为重要的作用，极大地改善了产业环境和生活环境。

（3）中介组织推动城镇建设进程

除了政府提供的政策推力，以农协组织为代表的中介组织的介入也促进了村镇的进一步发展，包括各类农业生产专业技术协会、农产品营销协会等。农协组织为成员提供农业生产技术、产品供销信息和资金信贷等服务，帮助会员解决生产经营过程中的问题，组织内部建立健康良好的互助关系。政府提供全过程的支持，保障农协组织合法权益，对具体实施过程不干预，给予农民充分的自主决定权。

（4）挖掘乡村特色

近半个世纪以来，建设富有特色的村落一直是日本新农村建设方面的一大特点，传统民居、历史遗迹等均受到保护，新的建筑形态也由此得到引导和控制。“一村一品”造村运动注重文化传承与文脉延续，保留乡村风貌的独特性。如金山町在1984年的地区住宅规划中，对建筑物的位置、屋顶形状色彩、外墙结构，甚至广告牌等都提出了建设要求。如屋顶应采用深棕色和黑色并考虑四坡、歇山屋顶，墙应采用白色水泥石膏材质，建筑结构鼓励传统施工法的木结构住宅。这些措施均保证了村落的民族特色和传统的建筑形态，使得村落富于景观上的统一性和文化上的传承性。

4. 韩国

韩国的城市化初期特征与日本相似，农村人口涌入城市导致城乡经济差距进一步增大，引致众多城市问题和农村的衰退。1970年，韩国为促进农村地区发展发起“新村运动”，政府带头以开发为基本动力，带动农民自发进行家乡建设活动。1970年至1980年的10年间，政府投资额达到27 571亿韩元(约合人民币197亿元)。政府着重致力于改善农村生活环境，并通过项目开发和工程建设来改善风貌，提高农民收入，包括整修农村公路、提高住房条件、增加水电设施、兴建村民会馆等。在具体实施过程中，政府先确定若干项目，由村民讨论抉择出最急需的项目，并选举一名新村建设指导者，项目获批后由政府分发钢筋水泥等物资支持，直接与农民对接。与此同时，韩国政府向农民普遍发放最长可达30年的长期低息贷款。经过近40年的发展，城乡居民收入基本持平，实现了城乡经济的协调发展。

政府推动模式为发展中国家向发达国家过渡时期解决农村问题的典型模式，韩国新村运动成效显著，可为范例。首先，其通过加大工业反哺农业、城市反哺农村的力度，实现城乡与工农的协调发展；其次，政府积极参与、转变角色，分类分区引导乡村自主发展，调动村民积极性，提高公众参与度。

总体而言，日本、韩国在推进新农村建设过程中有诸多相似之处。作为城市化的负面效应之一，农村地区的衰落引起政府的注意，并及时采取了一系列的振兴措施。在实施过程中，政府在政策和资金上提供支持，并着重改进村镇的基础设施建设。在实施手段上，均重视居民的参与性，充分尊重居民的意愿。此外，日本、韩国也尤为注重将农村特有的优美自然条件和传统文化与现代化设施有机结合。秉承在保留特色的同时兼具现代风格的原则,突出地域特色,避免了“千村一面”现象。

5. 中国台湾地区

本节先介绍我国台湾地区的情况,大陆地区的村镇发展见下一章。中国台湾地区的发展是从选择农业开始的。其农业发展经历了四个阶段:第一阶段(1950—1955 年)由粗放式经营向技术和劳动密集效益型农业转变,实现了产量的大幅提升,解决农业剩余劳动力的生计问题;第二阶段(1955—1960 年)开始重点发展经济价值高的农作物,大力追求经济效益,通过农作物的大量出口积累外汇;第三阶段(1960—1980 年)通过“以农养工”的战略加速了工业化道路,实现纺织、化工业与农业的同步发展;第四阶段(1980 年至今)以台湾的经济全球化和贸易自由化为标志,农业发展速度减缓,大量农民转业,农民劳动力人口数锐减,在农业得到充分发展的基础上实现了高度城镇化。

自 20 世纪 50 年代以来,台湾采用就地城镇化模式,大力推进农村的自身发展,其方式有诸多值得借鉴之处。

(1) 农地制度改革

叶炤华(2013)研究发现 1945 年台湾光复后,为改善土地分配不均、地租苛重等问题,推行了第一次土地改革,以公地放租放领、减租、耕地重划等方式达到提高农业生产力的目的,但依然受到国外廉价农产品倾销的威胁。1979 年,台湾提出第二次土地改革,其主要内容为加速土地重划、提供扩大农场经营耕地的贷款及推行委任经营和合作经营。1987 年,第二次土地改革基本结束,并获得了显著成果,台湾农业实现了大幅现代化,农民生活质量有所提升。但是,随着台湾经济形势的不断波动,新的问题逐渐产生,农业经营者老化、农地流通受阻、农业生产结构的不平衡等推动了第三次农地制度改革,改革的重点是解决农地市场化问题,完善农业基础设施,并构筑与台湾经济发展相适应的“土地规模经营”新模式。第三次农地制度改革使得农业的单一生产功能向“生产、生活、生态”的复合功能转变,提高了农业附加值,进一步缩小了城乡差距。

（2）农村金融机构与农会发展

农业的发展需要大量资金作为推动力。中国台湾地区在大力改进土地制度和农村基础设施的同时也着力发展金融机构，如土地银行、合作金库、农会信用部、农复会等。这些金融机构经办农业贷款业务或以合作方式融通资金，调节土地金融、扶植农林牧渔产业，为农业发展提供资金支持，有利于规模的扩大和专业化生产。此外，农会改革也使得农业生产和经营进一步规范化。农会原与合作社合并改组，其内部人员混杂，体制不完善，财务问题恶化现象严重，经过改革后，农会被定性为职业团体，具有经济、社会、教育功能，会员入会严格要求资质，并严守农民领导政策，在农会内部建立总干事制度，保证其切实有利于农民利益、成为农村承上启下的机构。农会的经济事业通过为农民提供农业资材和运销资助，进一步推动农村经济资源的规模化和企业化经营。

总体而言，台湾的城镇化进程以农地制度改革为基础，以农村金融支持为助力，以农会等组织为保障，在工业化进程的推动下大力实现村镇建设，实现了农业生产的全面现代化与村镇的和谐发展。

第三章

中国村镇发展变迁

作为地处乡村地区的聚落形式和农业人口集聚的空间载体，村镇的发展变迁与农业生产活动密切相关，明显会受到农业发展阶段、技术水平和乡村地区农业生产活动特征的影响。村镇功能和空间形式的变迁，从历史长周期看，明显受到技术水平和农业生产方式的影响，而在一定技术水平和生产力条件下，村镇发展变迁则会较明显地受到农业农村发展政策、国民经济发展和经济社会结构变动的影响。中国是一个历史悠久的农业大国，村镇经历了长期的发展变迁。本书将村镇发展变迁作为一种分析的背景视角，目的在于探讨现阶段村镇发展的宜居性。所以，本章的内容主要是结合已有相关研究，对新中国成立以来的阶段性特征和不同背景下的村镇发展加以梳理。

一、中国村镇发展的阶段性特征

现有研究对农村发展历程的分期有多种不同方案，一般以民国和新中国成立作为最重要的节点。有代表性的分期比如以传统农村、1911 年至 1949 年、1949 年以后划分的三段分期（杨懋春，1980）和以传统社会、晚清末年至新中国成立前、新中国成立至改革开放前、改革开放以后划分的四段分期等(吴毅,吴克伟等,2009)。

也有部分学者对新中国成立后的农村发展历程进行了更为详细的分段阐述,如陈吉元等(1993)从社会经济变迁的角度分为土地改革、互助合作、人民公社、"农业学大寨"和家庭经营5个时期;温铁军(1999)按土地制度的三次变革进行分期,即1949—1952年的"土改",1978—1982年的"大包干",以及1997—1999年落实"30年不变"的延包政策;雷长林和李富义(2008)以重要历史事件——彻底摧毁封建土地制度、农业社会主义改造、"大跃进"运动、人民公社化运动、"三年困难时期"、"四清"运动、"农业学大寨"运动、家庭联产承包责任制、农村经济体制改革、社会主义新农村——为节点将新中国成立以来分为10个阶段。

综合以上各种分期观点,本章将中国农村的发展历程大致划分为5个时期并简要说明农村发展背景的阶段性特征。5个时期即近代之前典型农业社会发展背景下的传统农业发展时期、近代至1949年新中国成立、新中国成立至改革开放(1949—1978年)、改革开放至20世纪末(1978—2000年)以及新世纪以来,分别大致对应了传统农业背景、近代旧中国与世界接轨对农业和农村发展的冲击背景、新中国成立后的计划经济背景、改革开放后的社会主义市场经济体制背景、新世纪以来中国加入WTO(世界贸易组织)后的深度国际化和我国实施城镇化战略的背景。

(一)传统农业发展时期

传统农业发展时期的村落经历了漫长的发展演变过程。在历经原始社会、奴隶社会和封建社会的变革和积累后,在明清时代,乡村地区逐渐形成了以地主土地私有制为主体、以家庭为基本单位、以农业和家庭手工业为生产方式、以血缘和宗族为社会秩序而构建起来的典型的传统农村社会。

传统农业背景下,小农经济以自给自足为基本特征,但是传统村庄并不是各自孤立的。一般而言,一定地域范围内的村庄彼此营造互生与共生的地域空间，进行商品和信息联系，从而构成一个集镇区。这种适合当时交通方式当天往返距离的集镇区范围，往往也是各村落间的农户通过姻亲联系或结识朋友形成社会联系的地域空间。位置适中、交通便利的农村，原有定期的或周期性的或临时的小市场处，大路上的驿站等，都有可能成为集镇区的中心而演变为集镇。集镇为农民提供了农产品及生活用品买卖上的便利，并把本地的特产集聚起来销售到外部市场，还有社会联系和技术服务方面的功能。可见，传统的农村生产虽然并不发达，但是在自给自足之外，农业产品和手工业产品都具有进行较为稳定的商品交换的需求和途径，形成了适应经济生产方式的村镇系统，并以此促成了城乡之间积极的经济联系和人口流动。

这种社会背景和生产活动组织方式下的村落，产业形式较单一，村落经济和社会功能相对简单，对外联系频度和强度较小且空间联系范围较小。

这种以农地耕作生产为基础的村落看似稳定、安逸，但是，到鸦片战争前持续了2000多年的封建农村土地制度积累了大量的社会矛盾。以封建租佃制经营与自耕农经营为主体的农业经营中，土地可以作为商品投入流通，地主拥有大部分土地所有权，佃农拥有使用权，长期的历史过程中形成了土地分配不均衡的状态，占人口极少部分的地主拥有大量的土地以及相关的生产资料，而大部分农民则拥有少量自耕田地，部分甚至失去土地成为佃农（段林春，王晓燕，2010）。在农业耕作收入在农村家庭收入中占有极高比例的情况下，土地分配的不均衡导致的悬殊的贫富差距、阶级剥削以及小农生产的不稳定性成为传统农村的基本矛盾。所以，“耕者有其田”成为中国历史上历次农民起义的基本理想。

（二）近代至1949年新中国成立

自鸦片战争开始，世界市场打开，内外战乱不断，对长期以来处于封闭和专制状态下的中国社会带来巨大冲击，产业变革和社会动荡也对当时的农业农村发展带来巨大影响。在旧的中国社会与现代西方世界接轨的过程中，各种力量的交织强化了农村土地、产业和社会问题。

薛暮桥(1980)认为伴随着国外资本主义商品生产的进入，机器生产带来的廉价商品的冲击促使农村的农业和手工业分离，传统的自然经济被彻底摧毁，农村经济被迫卷入世界市场之中。一方面，农民拥有了提供商品原料和进行商品生产的机会，使一部分经济发达地区的农村的手工业形成产业化的发展。另一方面，成为资本主义生产环节的农村手工业被控制，进而引起农业产品被控制，中国农民面临着封建土地制度和资本主义市场生产的双重剥削。

此外，薛暮桥(1980)提出进入现代，军阀大肆圈地占地，加之国内战乱，使农村的生产生活条件更加恶劣，最终导致乡村破产。为了逃避战乱的乡绅地主以及寻找谋生手段的农村破产者纷纷在这一时期离开乡村，涌入城市。正是在这一混乱时期，农村的衰败引起了最初的农村改造的思考，并开启了20世纪30年代我国乡村改良运动的高潮，从教育、农业、金融、地方自治与自卫、公共卫生等不同方面展开乡村改造，如梁漱溟倡导的乡村建设运动和晏阳初在定县倡导的平民教育实验运动等。

(三) 新中国成立至改革开放(1949—1978年)

新中国成立后，农村治理的首要任务是尽快恢复重建农村社会秩序，实现乡村社会的有效整合，解决历史遗留的封建剥削问题和农村破产问题。1949—1952年，为了推动农民生产积极性，实行了土地改革，平分田地，将土地的地主所有变成了农民所有。土地改革短期内极大地促进了农业生产。但是，在个体农户经营的模式下，国家集中社会资源的运行成本高昂，因而，20世纪60年代实行了从合作化到人民公社的变革并持续至改革开放前，将土地的农民所有变成了集体所有，实现了土地的共有公营，完成了从自然村落制度向社队制度的突变。通过制度保障，农村土地的使用权与所有权实现高度统一，城乡间的人口流动和职业身份转化被严格限制，并通过统销统购的方式迅速吸收农村资源支援国家工业化建设。

在人民公社制度存在的20多年中，优先发展重工业的策略和以工农业产品价格剪刀差等方式推行的“工占农利”模式，的确为国家工业化提供了大量的资源，迅速奠定了国家的工业基础。但人民公社集体生产日益凸显的低效率和成本高昂也对农业生产造成了不良影响，也加剧了城乡差别、固化了城乡壁垒、助推了中国社会的城乡二元结构的形成。

（四）1978—2000 年

人民公社制度下农业生产的低效率和农民收入甚至生存状态的恶化促成了始于农民自发并迅速得到高层响应的变革。1978 年党的十一届三中全会启动了农村改革。1979—1983 年，逐步确立了土地的集体所有、农户家庭经营的基本形态，极大地调动了农村劳动力的积极性。1984—1993 年，确立了土地家庭承包经营的基本框架，并将土地使用期限明确延长至 30 年不变。1993 年之后，农户家庭对土地经营使用拥有权利的完整性进一步强化（张红宇，2001）。2003 年以来《农村土地承包法》《农村土地承包经营权流转管理办法》的颁布实施为农村土地流转提供了必要的法律依据（黄祖辉，王朋，2008）。在土地承包的制度之下，集体仍享有土地的所有权和处置权，承包土地的农户获得了土地的使用权和收益权。

农村改革在充分调动农民积极性的同时，原有的农村劳动力就业不充分或劳动力隐形过剩的问题开始显性化，大量劳动力从农业中析出。在城市改革尚未推广、城市就业吸纳能力和人口承载能力尚难以快速增长的背景下，农村剩余劳动力就业需求压力一度成为重要的社会问题。由社队企业转变而来的乡镇企业和农民自发开展的村镇工业在 20 世纪 80 年代和 90 年代初迅速发展，大量农民开始从事农业之外的生产和经营，并涌现出了苏南模式、温州模式等被当作典范加以宣传推广的村镇经济发展模式。“村村点火、户户冒烟”“离土不离乡、进厂不进城”成为 20 世纪 80 年代和 90 年代我国大量乡村地区的产业形式，由此构成了具有中国特色的自下而上的城镇化模式（周一星，曹广忠，1999）。村镇发展迅速出现了不同于以往的结构形式，很多地区乡村产业的非农化程度明显提高，农户和农村劳动力兼业现象变得比较普遍，农户收入来源也从绝大部分源于农业生产活动，转变为非农业收入占比逐步提高。

改革开放使得农户和其所构成的集体有了经营自主权和生产积极性，农业产出增加，乡镇企业的发展使部分地区部分农民率先富裕起来。但是农村小资本经营在大市场体系中并不具备竞争力，乡镇企业在区位条件、人才和技术支持方面的约束和用地不集约、环境治理成本高昂等方面的问题逐步凸显。这些问题随着国家市场经济的发展而日益突出，农村的资源从总体来看仍然在流向具有规模效应的城市，依靠农村自身的力量难以应对市场经济和现代农业的发展需要。

（五）新世纪以来

进入新世纪后，我国在经济社会发展领域进一步推动了一系列改革探索。2001 年 12 月中国正式加入世界贸易组织（WTO），进一步融入全球经济，沿海城市的国际化程度不断提高，我国的城乡经济发展和城镇化进程也越来越受到全球经济的影响。随着改革开放后快速发展背景下区域差距的拉大，世纪之交我国提出了西部大开发战略，随后于 2003 年和 2006 年相继推出东北等老工业基地振兴战略和中部崛起战略。国际化程度的提高和区域政策的实施，都作为重要的经济社会发展事件和发展背景，对村镇发展产生了影响。

此外，“十五”计划以来我国每个五年计划或规划，都把城镇化作为重要的战略部署，成为新时期城乡结构变动和乡村发展的时代背景。“十五”计划首次明确提出“实施城镇化战略，促进城乡共同进步”，指出“提高城镇化水平，是优化城乡经济结构，促进国民经济良性循环和社会协调发展的重大措施”。“十一五”规划开始强调农民工问题，指出要“积极稳妥推进城镇化，逐步改变城乡二元结构”“分类引导，鼓励人口进城并转化为城市居民”。“十二五”规划和“十三五”规划，都把推进农业转移人口转为城镇居民、推动城乡协调发展作为重要内容，并做出了相应的政策安排。

事实上，在 20 世纪 70 年代末启动农村改革和 80 年代推动城市改革后，在经济社会快速发展的进程中，我国的城镇化水平也得以持续较快提高。随着大量农村劳动力进城务工，农村留守现象、“城中村”“空心村”等现象和问题开始大量出现，农村发展在很大程度上受到了影响，城乡差距不断拉大。因此，破除束缚中国社会发展的城乡二元结构，由新中国成立时的“工占农利”转向“工业反哺农业，城市反哺农村”，实现城乡统筹成为当务之急。为此，国家先后采取了免除农业税、推进社会主义新农村建设等重要的惠农政策，在减轻农民负担、稳定农业发展、改善农村环境和提升农村生活质量等方面起到了一定的效果。但由于我国农村量大面广、发展基础相对较差，农业发展、农民增收和农村人居质量提升等方面任务艰巨。

2012 年党的十八大明确提出：“坚持把国家基础设施建设和社会事业发展重点放在农村，深入推进新农村建设和扶贫开发，全面改善农村生产生活条件。”2014 年 5 月 29 日，国务院办公厅《关于改善农村人居环境的指导意见》(国办发〔2014〕25 号)提出，“规划先行，分类指导农村人居环境治理”“突出重点，循序渐进改善农村人居环境”“全力保障基本生活条件，大力开展村庄环境整治，稳步推进宜居乡村建设”。党的十九大明确提出要实施乡村振兴战略，指出要坚持农业农村优先发展，按照产业兴旺、生态宜居、乡风文明、治理有效、生活富裕的总要求，建立健全城乡融合发展体制机制和政策体系，加快推进农业农村现代化。2018 年 9 月，国务院印发《乡村振兴战略规划(2018—2022 年)》，首次建立了乡村振兴指标体系，明确了战略措施和阶段性目标。其中对整治农村人居环境、提升农村人居环境质量，改善和保障农村民生，加强农村基础设施，增加农村公共服务供给，推进城乡基本公共服务均等化等方面提出了明确要求。

二、中国村镇功能空间的演变过程与机制

(一) 传统村落的功能与形态特征

与经济发展水平和生产生活方式及活动范围相适应，传统村落的功能往往比较简单，以满足当时村民基本的生产生活需求为主。在村落最初形

成的时期，受制于相对较低的生产力水平和相对较落后的生产方式，传统农业对自然条件和自然资源有较强的依赖性，自然条件是影响村落发展最为关键的因素。自然因素决定了人们所能从事的生产活动类型、分布和产业规模，所以人们考虑自然条件的影响而决定能否定居下来、形成村落。在山地丘陵地区，林业、牧业、农业是村落较为普遍的生产活动类型，平原地区的村落则主要从事农业，而滨海地区的村落可能从事渔业，形成了多种与自然条件和生产活动类型相适应的村落，其中农业村落是最为普遍的类型。

农业村落的功能空间通常分为两个部分，即进行农业生产的农田和村民居住的区域，农田的划分方式往往影响居民的居住方式。可以将居民的居住方式分为集村和散村两种主要类型（陈芳惠，1984）（图 3-1）。其中，集村是许多农家聚居在面积较小的地方，以防备外敌来犯，或者是共同抵御自然的威力，从而获得社会生活的方便与利益，而耕地则位于聚居地周围，大多数属于分散耕地制，也就是各家的耕地分散在几个地点。如果农地的规模较大，则容易形成散村，农家房屋散布于其耕作的土地上。

散村的形态与耕地的划分方式有关，较为简单，集村的形态则多呈村落中心、宅基、耕地的圈层式发展。从其形成方式上看，自然发生村落和计划设定村落具有差异性的形态。自然发生村落系长期经过人口自然增长和机械增长而形成的村落，其形态上呈现不规则状。计划设定村落的形成则是短期的结果，村落的统一性会比较强。村落形成后的发展往往呈现出上述两方面影响的混合，自然发生与规划计划的因素并存。

自然发生村落的形态受自然因素如地形、水文等因素影响，也包括道路交通这一类人文要素，人们在一定区域生活时，逐渐积累了如何利用这些因素的经验，从而自然发生村落形态也存在一些一致性。规划与计划因素则反映的是政府、宗族或其他社会团体的社会秩序。

《传统村镇聚落景观分析》一书对我国传统村落做了较系统的研究（彭一刚，1992）。书中对各种自然因素、社会因素对聚落形态的影响进行了分析，对全国各大地理区的村镇形态特点进行了总结，并对平地村镇、水乡村

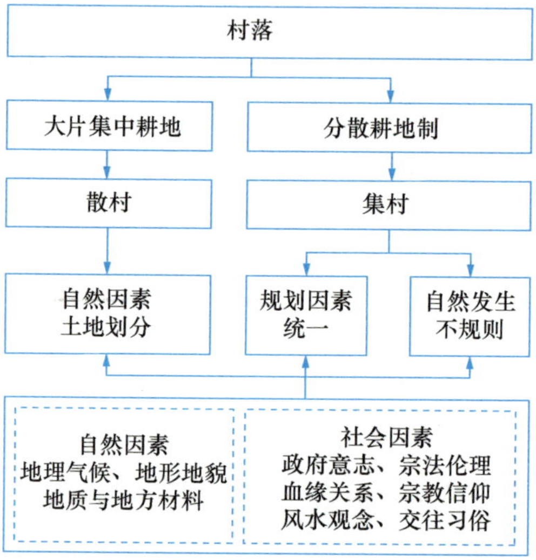

图 3-1 传统村落形态的基本类型与影响因素

镇、山地村镇、背山临水村镇、背山临田畴村镇、散点布局的村镇及渔村的形态特征进行了分析，并剖析了传统村镇中街、桥、巷、广场、水塘、井台等要素。

（二）非农产业的引入与村镇功能空间形态变化

随着工业化和城镇化水平的提高，越来越多的新技术应用到传统农业生产和农村的产业中，农村地区的业态也在较单一的传统农业类型基础上开始多元化。近代以来，非农产业开始被引入村落中，如工业、旅游业、文化产业、商业服务业等，农业自身也发生了变化，这些功能的变化都对村落的形态产生影响。

1. 工业

近代以来，工业被引入村落中有多个阶段，比较显著的有在清末外国压力下的工业进入村落及改革开放后乡镇企业的异军突起，不同时期工业引入村落的范围不同。

鸦片战争后随着通商口岸的开放，中国很快形成了有利于列强工业品输入与国内原材料输出的结构特征，这种结构刺激了开埠城市腹地的村落以外贸为目的的商品生产的发展。近代工业体系在以上海为中心的都市开始建立，最初是外资企业，19世纪末以后，在洋务运动影响下的中国民族工业也正式出现，对传统手工业如缫丝业、轧花业、棉纺织业等冲击很大。在一定时期内，传统的小农生产依托家庭工业的低成本优势进行了坚守，客观上对大工业产品进行了竞争和抵抗。但自20世纪30年代起，由于产业竞争、资本主义世界经济危机等原因，农村地区的工业迅速衰落，许多乡村恢复到以农业生产为主的产业结构状态。总体来看，这一时期的农村业态波动，对我国农村地区的发展动力、村落功能和结构形态没有造成变革性的影响。

20世纪70年代末开始的农村改革，调动了农民积极性的同时析出了大量农村劳动力，在当时城市容纳能力有限和短缺经济背景下，农村劳动力就地开展工业生产，乡镇企业异军突起，乡镇企业创造的GDP一度达到全国GDP总量的三分之一强，在乡镇企业就业的职工规模一度超过1亿人。这一时期农村地区非农产业的发展影响范围非常广泛，使得很多地区农村发展动力出现转型，农村家庭收入中源于非农业的收入迅速大幅上升，农村和小城镇的生产生活功能发生了明显变化。村落的工业发展类型大致有农副产品加工型、城市辐射发展型、矿产资源开发型、外资外贸推动型、人力资本推动型、市场—加工循环推动型等多种形式。

2. 旅游业

农村旅游业的发展受到经济发展水平、旅游需求和农村在地旅游资源等多方面条件的影响。因此，旅游业大规模进入农村比工业要晚一些，旅游业对农村业态的影响范围也比工业小一些。

随着经济发展水平和居民收入水平的提高，居民旅游需求增加，旅游市场得以逐步发展。农村的旅游业发展主要有两种类型：一种是拥有特色旅游资源的乡村会吸引较远距离和较大范围的游客；另一种是地处大城市周边、有文化或者生态环境优势的村落，为大城市居民提供休闲游憩活动。即一些村落以自身所具有的特色历史文化资源开展旅游活动，另一些村落则是作为城市的对照，以农家乐、民俗、民宿等形式开展旅游。

旅游业的发展丰富了村落的发展动力，提供了非农就业岗位，拓展了农民的增收渠道。同时，旅游业的发展围绕旅游活动所需要的游览、休憩、交通、餐饮接待等活动，丰富了村庄功能，改变了村落的空间形态和结构。旅游业发展中，为满足游客需要，村落形态往往会发生一些改变，尤其是停车场、入口区域及主街巷延伸区域等主要服务于游客的区域，对于未受严格控制而条件又较好的村落，往往新建房屋会大量增加。有的村落在旅游发展中由于规划协调不够，旅游服务设施会与村民生活产生矛盾，如餐饮业的发展和游客活动的大规模增加，可能会带来环境影响，大量外来车辆涌入则可能会引起交通拥堵，甚至会对农村原有的生产生活活动带来干扰。

3. 文化产业

以文化产业为主要产业的村落数量不多，主要有两种类型：一种是以本土文化为本底，生产加工文化产品，如皮影、泥塑等；另一种是在交通区位较好的地区，凭借村落中相对便宜的房屋租金，为外来的文化活动提供场地，有的在形成规模后成为特色文化村，如一些大城市郊区的画家村，北京市通州区的宋庄就是这类村落的典型案例。

上述各主要产业类型的引入所引起的形态变化，以及所产生的积极和消极影响可以做简要概括总结（表 3-1）。

表 3-1 非农产业引入村落所引起的形态变化及其影响

主要产业类型	村落总体形态	消极影响	积极影响
传统农业	形态大体保留	房屋破败，环境较差，空心村	—
设施农业	形态大体保留，房屋增加，村落规模扩大	—	村落社会结构保持，经济发展
工业	原形态被破坏，原尺度与肌理变化，村落规模扩大	部分环境破坏；耕地荒芜	经济发展，村落原社会结构保留
旅游业（古村落旅游、农家乐）	村落道路拓宽，房屋功能改变，住宅功能变化	部分环境破坏	经济发展

（续表）

主要产业类型	村落总体形态	消极影响	积极影响
文化产业	影响较小，村落规模扩大	—	村落原社会结构保留，自然村之间分工合作
商业服务业	形态被城市建设打破，成为城市一部分，仅余宅基地部分	城中村，环境质量较差，安全隐患	非正式住房市场

注：据杨豪中等(2012)整理。

(三) 城镇化进程中村落功能空间演变机制

城镇化过程中，村落功能空间的演变受到外部城镇化因素和内部发展因素两个方面的影响。对于同一个村落，往往存在一种主导因素影响其演变机制，下面分别讨论两种因素主导下的变化。根据上文分析，传统农业村落的功能空间通常分为农业生产区域和居住区域两个部分，下文的讨论也从这两类主要的功能空间的演变展开讨论。

1. 外部城镇化主导型村落

20 世纪 80 年代中后期以来，我国进入了快速城镇化阶段，大量村落的发展演变受到所在区域的城镇化进程和邻近城市发展的影响。很多村落在形式上仍然延续了行政村的建制，但随着生产内容、发展动力的变化，村落的功能空间形态发生了改变。作为城镇化过程的被动接受方，村落形态的改变由城镇化和城市发展影响下村落功能改变所决定，而村落功能的转变则与村落距离城市的远近、城市职能类型和城市及其周边的土地利用结构有关。

(1) 城乡土地利用的相关理论

德国经济学家约翰·海因里希·冯·杜能(Johan Heinrich von Thünen)于 1826 年出版《孤立国同农业和国民经济的关系》一书，首次系统地阐述了农业区位理论的思想。他计算了各种农业土地利用方式的竞租曲线，并将其绘制到一起，根据采用竞租能力强的土地利用方式的原则，得出了自由农作区、林业区、谷物区、谷草区、牧业区、荒芜地的同心圆状农业带。杜能以各种农业土地利用类型的竞租能力确定一定区域土地利用方式的模型方法启发了后来对城市土地利用结构的研究,新古典经济学、土地经济学、生态经济学等学派均形成了自己的主要观点。美国经济地理学家威廉·阿隆索(William Alonso,1964)继承新古典经济学思想建立了经典的城市竞租模型,在最简单的单中心模型中,会出现从城市中心到外围的零售业、工业、批发业,多层住宅、独栋住宅,农业区的圈层结构,并讨论了多种条件下的模型。在阿隆索模型的基础上,后来的学者考虑多中心城市、交通成本、时间距离等因素的作用,进一步发展了竞租理论。

以土地利用为中心的竞租理论讨论了在模型条件下城市土地利用的结构,而实际的城市土地利用结构则还受到城市历史发展过程的影响。发源于地理学的城市形态学研究重视对城镇物质空间形态的发生学过程,在此基础上提出了边缘带模型,用于解释城市的土地利用结构(Louis,1936;Conzen,1960;等)。怀特汉德(Whitehand,1987)则尝试结合竞租模型与城市发展过程,解释边缘带模型,并考虑了创新因素,辅以实证研究,形成如图 3-2 所示的城市土地利用模型。

杜能讨论的是农业为城市市场服务条件下的农业区位问题,怀特汉德所发展的边缘带模型解释了城市中土地利用的问题,二者的范围涵盖了受外部城镇化主导的村落所可能处于的区位。杜能的农业区位论模型色彩极强,与现实差异较大,但其依据与城市相关联的区位条件选择农业生产方式的思想在本部分的分析中是很重要的,而结合了竞租理论、创新因素和城市历史发展过程考虑的边缘带模型则可以作为一个分析的基础。

(2) 不同区位的村落在城镇化过程中的演变

位于城市中心的村落往往经过发展演变最终形成城市的某类功能类型,放在内部发展因素主导型村落中进行讨论,本部分讨论边缘带上、边缘带间扩展区以及城市之外受城市影响较大的区域的村落。在此之前,需要对边缘带进行一些解释。

一个城区向外扩展时,各个方向的扩张进程是不均匀的。城市的扩张

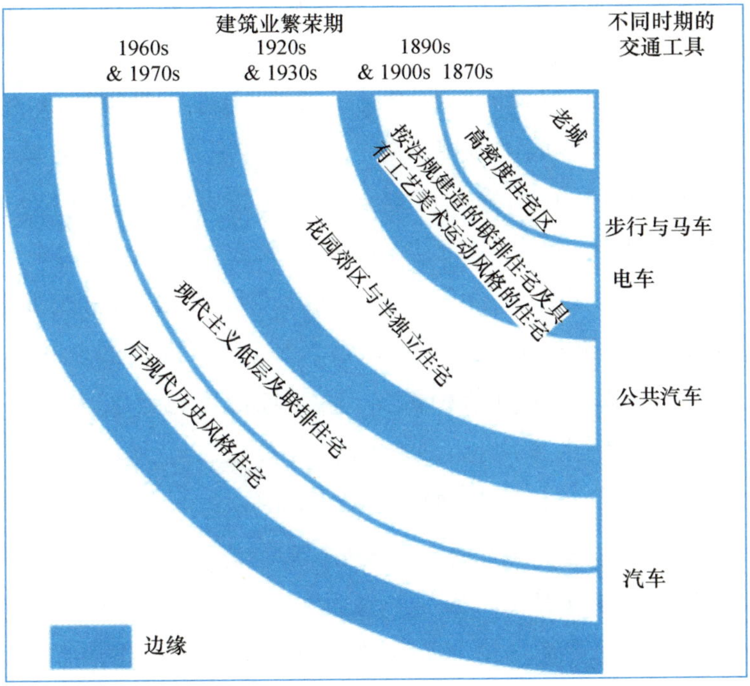

图 3-2　城市土地利用模型

资料来源：Whitehand J W R，1987，转引自怀特汉德(宋峰等译)，2010

由一系列具有明显停顿而相对分离的、向外扩张的居住区构成。当城市建成区停止生长或生长很慢的时候，在城市的边缘地带就容易形成一个存在较长时期的形态和功能在定义时期内相对稳定的边缘带(fringe-belt)，其中含有大量的相对开阔地(多为绿地)，如公园、运动场、公共设施和附属于各机构的土地。

边缘带是城市扩张过程中形成的一种结构，在形成边缘带的时期，城市的开发动力相比于快速扩张时期要小很多，因而通常只是村落的农业生产用地被转换为公园、运动场、公共设施和附属于各机构的用地，而村落的宅基地则可能会保留下来。村民原来赖以生存的农业生产用地转换了用途，村民仅保留了其宅基地，往往利用宅基地离城市中心较近的区位优势，将房屋出租给在城市中工作的外来人口，以获得收益，而往往外来人口数会超过原村落村民数。随着城市继续发展，边缘带的功能也逐步异化，村民有可能利用其房屋或出租进行商业服务业的经营以获益。这种情况下，村落原有的社区结构基本保留了。但是，随着城市的进一步发展，边缘带进一步异化，这些宅基地可能面临再开发，情形与边缘带间扩展区类似。

边缘带间扩展区形成于城市快速扩张的时期，新城镇化区域中住宅开发所占的比例较大，开发动力和资本强度都比较大，往往倾向于将村落的农业生产用地和生活用地一起征用，原村民或在开发进行后回迁、异地集中安置，或分散安置、以货币进行安置。在前两种情况下，村民原有的社会结构部分保留了，因为村里人还住在邻近区域，但社区的规模扩大了，新的社区中包含了大量非原来村落中的人，往往与村民也有较大的差别；村民的居住方式往往也发生了变化，原来低层的农村住宅为高层住宅所替代，以置换出土地供开发。在后两种情况下，原先生活在一个村落中的村民分散到不同的区域，村落原有的社会关系网被打破。在四种情况下，居民的生产方式都被迫发生了变化。

城市之外受城市影响较大的区域尚未成为城市区域的一部分，村落原有的农业生产用地与生活用地仍为村集体和村民所保留，村落的社区结构保留也较为完好。这一区域的村落往往可以从向城市售卖农产品中获益，从而城市的需求对于村落农业生产用地的产品类型产生影响，可能会促使其在原先自给自足情况下种植粮食的土地上种植蔬菜、水果、鲜花等经济作物。同时，这些村落可能成为城市人口休闲的区域，从而使得村民的生活区在满足村民的生活需求之外，还会为游客提供一定的服务；部分距离城市较近的村落还可能为到城市中工作的外来人口提供出租房屋。村落的社区结构保存较好，有的会有少量外来人口进入。

2. 内部发展因素主导型村落

内部发展因素主导型村落指的是主要受村落自身而非邻近城市的城镇化过程影响而变化的村落。这样的村落又有两种发展方向：一种转向发展工商业，逐渐演化出城镇内核的雏形；另一种仍然发展农业，发展较好的村落则会有所扩大，发展较差的往往会撂荒土地。

(1) 转向发展工商业的村落

村落业态转向发展工商业的村落，随着业态的演变，实际上开始了非农化和向城镇型居民点转变的过程。村落依托资源禀赋、劳动力状况和区位条件等优势要素发展非农产业，功能空间的变化事实上与城镇出现早期的功能空间变化相近。这类问题已经有很多讨论，如工业区位论、中心地理论等。

中国农村的大规模非农化和出现城镇型居民点特征始于 1978 年，随着农村改革的推进，在以家庭联产承包责任制为主的经济体制背景下，农民劳动积极性提高，原有的就业不充分开始显性化，大量剩余劳动力被解放出来，并逐步转移到第二、三产业。20 世纪 80 年代中后期，乡镇企业的发展事实上是一种分散的非农化，在有些地区成为自下而上的城镇化，有效推进了城镇化进程。农村地区城镇化的动力可以从经济力、行政力、市场力和区位力等角度来理解。各地由于城镇化动力机制不同，形成了不同的模式，在长三角地区，主要表现为“乡镇企业—小城镇”模式，其中又有地域差异，如温州模式、苏南模式、义乌模式等。

分散的非农化与第二、三产业通过集聚发展获得集聚效益和规模效益的内在要求存在不一致性，在现实中也存在一些问题。典型的问题如很多乡镇企业尤其是乡镇工业所在地区出现了空气污染、水污染和土壤污染等问题，并且环境污染的面状化带来了治理困难或治理成本上升；又如村落产业用地扩展或者乡镇工业相对集聚的小城镇的成长，往往以简单的外延式扩张为主，存在很多情况下造成土地利用效率低下、土地资源浪费的问题。

在转向发展工商业的村落中，有些村落原有的农业生产用地可能仍然为村集体所有，但用途发生了转化，在后续发展中可能会转化为国有的城市用地，那就成了城市功能空间演变的问题，在此不再讨论。有些仍为村集体(或其发展了的形式，如股份合作社等)组织但在功能和形态上已经转向城镇型居民点的村落，村民的生产方式发生了改变，但村落的生活空间往往仍然邻近，只是根据村落经济发展状况而在规模、房屋质量与风格等方面发生了变化,原有的社会关系网络仍然保留了。一些内聚力和经济能力强的村,依照村落内部的需求对其生活空间进行建设,其建筑、基础设施、服务设施与城市类似,但组织方式仍然是村落式的,即其物质空间形态是城市的,但社会结构和组织仍然是乡村的。这类村落在发展动力、产业功能特征、基础设施和社会服务设施配置等方面已经不再属于传统意义上的村落,从城镇型居民点的视角来规划管理更合适。

(2) 仍然以农业为主导的村落

农业是传统村落的主要产业类型,在城镇化快速推进和城乡差距居高不下的大背景下,仍然发展农业的村落大致可以分为两种情况。一种是由于农业生产技术改善,农业产值和收益明显提高,以及农业的产业化,农业(也有养殖业)能够作为农村发展的经济动力;另一种是由于村落的区位条件和资源条件的限制,鲜有其他产业发展机会,只能仍然从事农业生产。

产业化的农副业生产使得村落的经济并非依赖于本地的市场,其种植、养殖类型也不是仅取决于本地市场。产业化的经营需要有产量规模的保证,设施农业为此提供了基础。设施农业通过人为控制和改变作物生长的水热光环境,改变作物的生长周期,使得反季作物的大量供应成为可能,也使得作物的价值有所提升。设施农业早在15—16世纪就已在英格兰、荷兰、法国、中国和日本等国以简易温室的形式开始出现,17世纪开始采用火炉和热气加热玻璃温室,19世纪后期开始建造单面温室。目前,设施农业栽培中地膜覆盖、塑料大棚应用比较广泛。与传统农业相比,设施农业实际上是增加了作物生长活跃时间、改变了农业耕作节奏,比传统农业更需要精耕细作,对劳动投入和劳动技能要求都更高,当然也会带来比传统农业更高的收入。因此,设施农业发展较好的地区,就业需求量比较大,农村劳动力外出就业相对较少,原有的农村型社区结构得以较好保留。

受区位条件和资源条件约束难以改变农村业态而只能从事传统农业生产的村落,往往农业产值难以大幅度提高,收益也比较低。仅靠原有的农业生产往往难以提高收入,甚至难以满足家庭生活需求的增长。尤其是相对于外出就业而言,本地务农收入明显偏低。因此,这类地区劳动力向外流动、到城市就业的情况比较普遍，而本地的农业生产有时难以得到有效保障甚至个别地区会出现土地撂荒现象。由于大量青壮年劳动力外出就业，村落中人口年龄结构严重失调，留守老人和留守儿童现象较多，出现了一系列社会问题。有不少这类村庄平时村内常住人口尤其是青壮年人口规模明显低于户籍人口规模，村落中部分房屋年久失修，出现了“空心村”现象。

3. 城镇化过程中村落的功能空间演变及其问题

村落外部城镇化影响和村落内部发展因素主导的村落功能空间演变影响下，出现了多种类型的农业生产用地变化和居住用地变化及其伴随而来的社区变化（表 3-2）。若根据产业类型界定城市和乡村，那么变化之后的城市中心、城市边缘带和边缘带扩展区的村庄，已经不再属于村落的范畴。而如果从社会学共同体的角度来界定，那么这三类村落以及城市外部受城镇化和城市发展影响而发生业态变化的村落、距城市较远较独立的区域内的村庄，也都可以视作村落。根据不同的界定标准，村落的范围不相同，本节采取了较为宽泛的范围进行讨论。

在城镇化进程中，村落的生产和生活功能发生了一些变化，除了上文分析过的各类产业进入村落后可能引发的一些问题外，还存在一些共性的问题。对于失去了原农业生产用地的村落，村民的生产方式不得不改变，村民所从事的行业与村民所习惯和熟知的农业生产之间存在很大不同，有些村民会对新的生产活动不适应，甚至有的村民不能谋求到新的职业。对于社区结构被打破的村落，村民不仅生产方式改变，生活方式也被极大地改变了，原先世代形成的以地缘和血缘组织的典型农村型社会关系网也随着居住空间被打破而趋于瓦解；对于有外来人口进入的村落，外来文化与村落本土文化之间存在差异，传统村落管理和城市管理都比较松懈，有的可能会存在安全问题和外来人口与本地人口关系紧张的问题。对于区位较偏、资源条件优势不突出的村庄，由于大量农村劳动力外出就业影响，有些会面临生产力不足，人口外流比例高，进而可能出现空心村和耕地撂荒现象。

表 3-2 城镇化过程中各类型村落的功能空间演变及社区变化

编号	村落区位	可能涉及的村落类型*	区域形成原因与特征	农业生产用地变化	居住用地变化	社区变化	主导因素
1	城市中心	平原种植小村 养殖业及兼业小村 外来迁入非农化大村	城市最初形成的内核，最初可能是城堡、村庄等，在农业基础上发展出工商业	保留，但功能转化，可能为工商业	保留，质量提升，规模可能扩大	原社区维持，有外来人口进入；不再从事农业生产	内部发展
2	边缘带	平原种植小村 养殖业及兼业小村 近郊本地非农化大村 外来迁入非农化大村	城镇边缘由于城市暂时静止或非常缓慢地发展而形成的带状地带，由最初倾向利用城市外部区位的混合土地利用单元特征构成	被征用，主要作为机构类用地，如工业、市政、文化、公园等	宅基地保留，其他用地转化，结合住宅可能有一些出租、餐饮等商业经营	原社区维持，大量城市人口进入；不再从事农业生产	外部城镇化
3	边缘带扩展区	平原种植小村 养殖业及兼业小村 近郊本地非农化大村 外来迁入非农化大村	城市快速扩展时期形成的区域，形态特征较为统一，以住宅为主	被征用，主要作为住宅	被征用，居民回迁或异地安置	原社区或维持或被打破；不再从事农业生产	外部城镇化
4	城市之外受城市发展影响较大的区域	近郊本地非农化大村 养殖业及兼业小村 平原种植小村 外来迁入非农化大村	在城市之外，但又为城市提供各类农产品及休闲场所的区域，其生产受城市影响	保留，产品种类依据城市需求而定	保留，住宅、公共空间可能部分用于服务城市游客或其他城市人口（租户、文化产业）	原社区维持，少量外来人口进入；仍从事农业生产，但种类和方式有所改变	外部城镇化
5	城市之外较独立的区域	山地种植小村 远山区种植大村	与邻近城市距离过远或邻近城市带动力过弱	保留，产品种类及种植方式依据所供市场而定/传统种植/撂荒	保留，依据经济、人口状况或扩大，或缩小	原社区维持，极少有外来人口进入；仍从事农业生产，但有的村落种类和方式有所改变	内部发展

* 注：村落类型划分详见第五章。

三、中国村镇规划建设的演进历程

新中国成立以来，我国乡村地区经过了半个多世纪的发展，村镇规划建设的政策思路也几经调整。按照村镇发展背景、政策重点和规划思路的变化，可以将村镇规划建设政策演变过程大致划分为以下 5 个阶段。

（一）改革开放前政策波动时期（1949—1978 年）

新中国成立后，农民分得土地和房屋，村镇生产力得到恢复。随着"恢复生产""重建家园"的进行，农村农业逐步发展，落后的村镇面貌也有所改观。但这一时期的村镇建设以自发行为为主，基本上没有统一规划要求。20 世纪 50 年代的兴修水利和救灾活动、爱国卫生运动，在很大程度上改善了农村地区的设施条件和农村环境。

20 世纪 50 年代末开始，随着人民公社化运动的开展，开始要求对乡村建设进行统一规划。农业部通知要求各省（市、自治区）对公社普遍进行全面规划。建筑工程部号召进行公社规划，各地规划设计部门技术人员和大专院校相关专业师生深入农村编制了大量人民公社建设规划。但在当时"大跃进"的形势下，规划思想也受到浮夸风的影响，大多脱离了当时农村发展实际，现实意义不强，规划难以实施。但规划中将生产与生活功能及设施统一配置等思想具有探索意义。

20 世纪 60 年代的"农业学大寨"运动中，对乡村山、水、田、林、路的综合规划和治理以及村庄规划建设活动，对规划思想和实践产生了较大影响。大寨是山西省昔阳县大寨公社的一个生产大队，在 1953 年结合农业集体化制定了"改造自然的规划"，但其成果在 1963 年被洪灾所破坏，在重建过程中，他们用 3 年时间修建了 220 孔青石窑洞和 530 间砖瓦房，并新建了必须的基本设施，这在当时对全国带来了很大影响（何兴华，2011）。随后国家开展"农业学大寨"运动，其中有些内容与村镇规划建设关系比较密切。“农业学大寨”要求“整地治水”，迁村并点建设新村，强调“排排房、一般高、一个样”。这种政治运动式的大规模村镇整治与建设，在规划要求上提出了比较明确的标准。但客观上并未有效改善农村的居住环境，相关数据表明新中国成立后30年间农民人均住房使用面积甚至略有下降（袁镜身 等，1987；郐艳丽 等，2010）。

（二）从规划房屋到规划村镇（1979—1987年）

1978年党的十一届三中全会后，农村生产力得到很大提升，随着农户家庭收入增加，农村居住环境改善的需求被极大激发。1979年，第一次全国农村房屋建设工作会议（青岛会议）提出“全面规划、正确引导、依靠群众、自力更生、因地制宜、逐步建设”的农村房屋建设政策方针，并在国家基本建设委员会中设立农村房屋建设办公室。此后一段时期，全国范围内掀起建设高潮，1979—1984年，全国共建设约35亿平方米的住房，超过新中国成立后30年乡村新建住房的总和（袁镜身 等，1987）。

这一时期大量快速的农村建设改善了农民的居住条件，但也带来了乱占耕地、沿路布局、大拆大建、配套设施跟不上等物质环境问题。相关部门认识到，光靠住宅建设规划管理是不能解决问题的。1981年，第二次全国农村房屋建设工作会议（北京会议）提出，农村房屋建设不可能孤立地抓好，要扩大到村镇建设范畴，要对山、水、田、林、路、村进行综合的规划。1982年，“为了适应农村经济发展和村镇建设的需要，使各地主管村镇建设的部门和规划设计人员，在编制村镇规划时有所遵循，以利于逐步提高村镇规划与建设工作的水平”，国家建设委员会和国家农业委员会联合发布了《村镇规划原则》，用以对村镇规划进行思路上的指导（何兴华，2011）。该原则“适用于农村各级居民点（统称为村镇），即公社所在地、社辖集镇和不同规模的村庄。也可供林、牧、渔场场部和分场部等所在地规划设计时参考”，并明确提出了村镇规划的指导思想、任务和规划的阶段、内容等。

（三）关注村、镇差别，建立村镇体系（1987—1998年）

在此前的村镇规划建设指导思想和技术要求中，以村镇生产生活基本建设配置为主要考虑内容，并且对镇、村二者并未做明确的区分。例如在技术标准中，二者都存在打谷场、农机房等农业生产要素。这主要是因为当时乡村经济刚刚恢复，建制镇、集镇的功能除乡村交易中心外，非农产业和服务职能比例不高，农业生产活动和乡村型生活活动在小城镇分布比较普遍，建制镇和集镇有很多功能与一般的农居点相似。

但随着农村改革的深入、农业发展水平的提高和农村生产生活活动日益丰富，尤其是随着乡镇企业的兴起，农村的产业结构和社会结构快速转变，农村的非农生产要素加速向乡镇流动，主要的经济活动开始向乡镇集中（赵虎 等，2011）。因此，城乡建设环境保护部于1987年发布《以集镇建设为重点调整和完善村镇规划工作的要求》，同时指出："村庄和集镇之间无论在生产和生活上都具有广泛的联系，村镇规划不能以村论村、就镇论镇，而应从一定经济社会区域范围来考虑村镇体系的发展"。由此，村镇规划形成了总体规划和建设规划两阶段的编制体系，其中村镇总体规划是乡镇管辖范围内的村镇居民点分布规划，并对村镇间的基础设施进行布局，村镇建设规划是针对具体村庄或集镇的近远期建设规划（何兴华，2011）。

这一时期，随着城乡经济日益活跃，我国的区域规划和城市规划做了大量探索，1989年颁布的《城市规划法》把城镇体系规划纳入法定规划内容，县级市和县城的总体规划中，城镇体系规划成为重要组成部分。村镇体系发展的思想在县域和乡、镇域规划中得到了体现。

1993年10月，建设部在江苏省苏州市召开"全国村镇建设工作会议"，确定以小城镇建设为中心，带动村镇建设，促进农村经济全面发展的工作方针。

（四）进一步明确小城镇地位，强调城乡统筹规划（1998—2012年）

这段时期，国家在政策方面日益加大对小城镇和农村的关注力度。在小城镇发展方面,1998 年十五届三中全会《中共中央关于农业和农村工作若干重大问题的决定》提出“发展小城镇,是带动农村经济和社会发展的一个大战略”,2000 年中共中央、国务院在《关于促进小城镇健康发展的若干意见》中着重强调了小城镇的重要地位。“十五”计划提出“走符合我国国情、大中小城市和小城镇协调发展的多样化城镇化道路,逐步形成合理的城镇体系。有重点地发展小城镇,积极发展中小城市”。

在农村发展方面,我国首先进行了包括农村税费改革在内的多项调整,2004—2006 年,中央连续出台了关于“三农”问题的一号文件,特别是 2006 年《中共中央 国务院关于推进社会主义新农村建设的若干意见》从经济、社会等多方面对新农村建设提出了明确要求。

尽管我国一直没有放松过对村镇规划建设的关注,但长期以来的城乡二元分割体制逐步加大城乡之间的差距,与城市相比,村镇的规划编制体系、编制技术及实施成果都明显落后。早在 1998 年,我国便开始构思城乡统筹的规划和建设思路,当时借助建设部机构改革的契机,将村镇建设司与城市规划司合并组建城乡规划司,并开始研究将《城市规划法》修改为《城乡规划法》的可能性,但由于社会发展阶段的限制,这项工作推进缓慢(何兴华,2011)。随着经济社会发展水平的进一步提高,部分地区已具备了工业反哺农业、城市反哺乡村的经济和社会前提,为推进城乡统筹的规划提供了坚实基础。2008 年,《城乡规划法》开始实施,2010 年住房和城乡建设部颁布《镇(乡)域规划导则(试行)》《城市、镇控制性详细规划编制审批办法》等相关配套法规,从规划思想和规划技术政策层面,为推进城乡统筹规划提出了要求和支持。

(五)生态文明背景下的村镇建设和乡村振兴(2012 年至今)

改革开放后我国城乡发展取得了举世瞩目的成就,但在传统工业发展模式带来快速经济增长的同时,资源约束趋紧、环境污染严重、生态系统退化形势也更加严峻。2012 年党的十八大明确提出了包括生态文明建设在内的“五位一体”建设总布局,将生态文明建设上升为国家发展战略的重要组成部分，并提出要建设“美丽中国”。以生态文明为核心的乡村建设，从理论研究层面和实践推进层面都得到了广泛重视。

2013 年中央城镇化工作会议和 2014 年《国家新型城镇化规划（2014—2020 年）》对我国的村镇规划和建设做出了部署，提出要“科学编制县域村镇体系规划和镇、乡、村庄规划，建设各具特色的美丽乡村”“发展中心村、保护特色村、整治空心村”，此外，强调要“保持乡村风貌、民族文化和地域文化特色”，明确了我国村镇规划尊重村镇传统格局与风貌、因地制宜改善村庄人居环境的价值理念和目标要求。住房和城乡建设部陆续发布了《关于加强传统村落保护发展工作的指导意见》（建村〔2012〕184 号）、《关于开展美丽宜居小镇、美丽宜居村庄示范工作的通知》（建村〔2013〕40 号）等政策文件，并配套发布了《传统村落保护发展规划编制基本要求（试行）》（建村〔2013〕130 号）、《村庄整治规划编制办法》（建村〔2013〕188 号）、《乡村建设规划许可实施意见》（建村〔2014〕21 号）等文件以进一步规范村镇规划的编制并保障村镇规划的实施。

2017 年党的十九大报告中明确提出实施乡村振兴战略，要坚持农业农村优先发展，按照产业兴旺、生态宜居、乡风文明、治理有效、生活富裕的总要求，建立健全城乡融合发展体制机制和政策体系，加快推进农业农村现代化。2018 年中共中央、国务院印发了《乡村振兴战略规划（2018—2022 年）》，重点从构建乡村振兴新格局、加快农业现代化步伐、发展壮大乡村产业、建设生态宜居的美丽乡村、繁荣发展乡村文化、健全现代乡村治理体系、保障和改善农村民生、完善城乡融合发展政策体系等 8 个方面进行了具体部署。并强调要坚持乡村振兴和新型城镇化双轮驱动，统筹城乡国土空间开发格局，强化空间用途管制，推进城乡统一规划，优化乡村生产生活生态空间，按照“集聚提升类、城郊融合类、特色保护类、搬迁撤并类”4 个类型，推进乡村振兴。

四、案例：村镇社区功能空间的演变

(一) 案例地村落概况

三家店村位于北京市门头沟区东部，属龙泉镇辖村。在地理区位上，处于永定河总出山口东北岸，北靠香峪山，东邻五里坨村，西与城子村、大峪村隔河相望，南与麻峪村相接（图 3-3）。全村总面积约 3.1 km^2，共容纳 3000 多户，10 000 余人口，其中农户 4000 余人，居民户 6000 余人。[①]

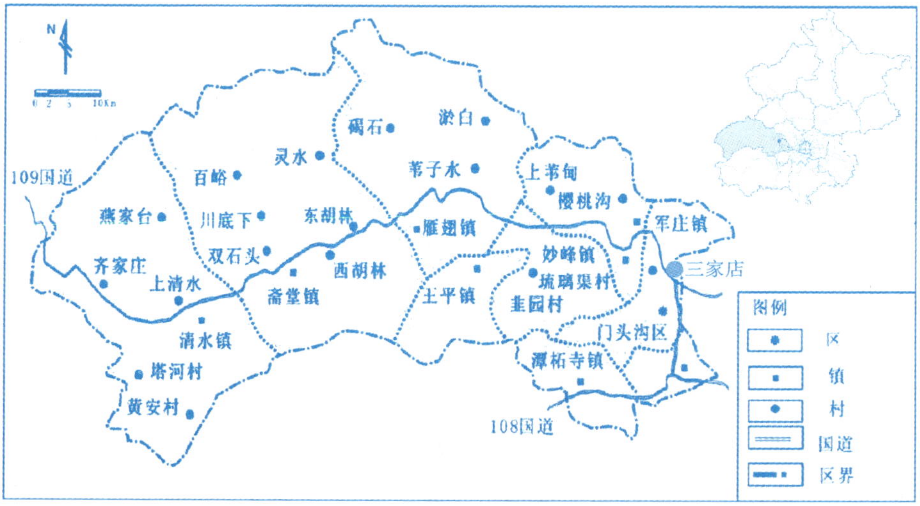

图 3-3　三家店村行政区位

自元代起，三家店村就是京西古道北道（西山大路）的入山口起点，妙峰山进香古道（南部香道）的必经之地，以及永定河上最大的古渡口。重要的地理区位决定其承载着西山与京城、山区与平原间煤炭、灰石、琉璃制品、林木、土特果品等商品运输集散的重要作用。可以说三家店村一带在元明清三代是京西重要的水陆枢纽和商贸文化集散地，在今天更是龙泉镇

① 该案例主要内容据戴林琳，郑超群，2016.

历史文化资源的核心区域(图 3-4)。

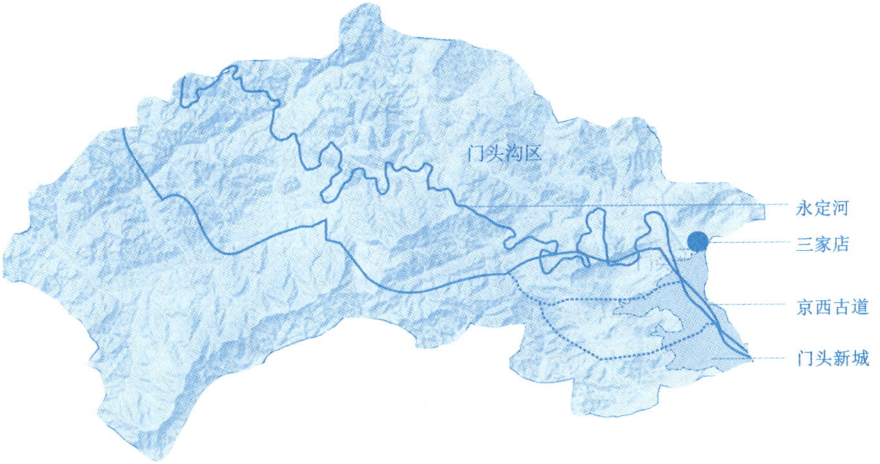

图 3-4 三家店村地理区位

综上所述,重要的历史地位奠定了三家店村形态形成的基础,而近代北京城市化扩张过程又对位于其近郊的三家店村的形态演变产生了较大的影响,这两点为该区域的形态研究赋予了更深的意义,因此本研究将三家店村选作研究对象。

(二) 社区功能空间演变过程与机制

1. 村落现状

三家店村坐落在永定河出山口的东北侧台地上,北侧群山连绵起伏,西临丰沙铁路和六环公路,南侧有水闸北路—石门路穿过。根据实地调研,三家店村的现有建筑大致分为 4 个年代(图 3-5):① 清代—民国中期;② 民国中期—20 世纪 70 年代;③ 20 世纪 70—90 年代;④ 20 世纪 90 年代至今。

村落的主路——三家店中街,西北—东南向延伸,沿主路两侧分布的建筑年代较为久远,形成一个连续的、相对紧凑的区域,构成了村落的内核,平面呈现出一些突出的传统特征与久已形成的街道格局。这一区域保留了龙王庙、关帝庙铁锚寺、天利煤厂、山西会馆、白衣观音庵等大量历史悠久的清代建筑,部分被列为文物保护单位。

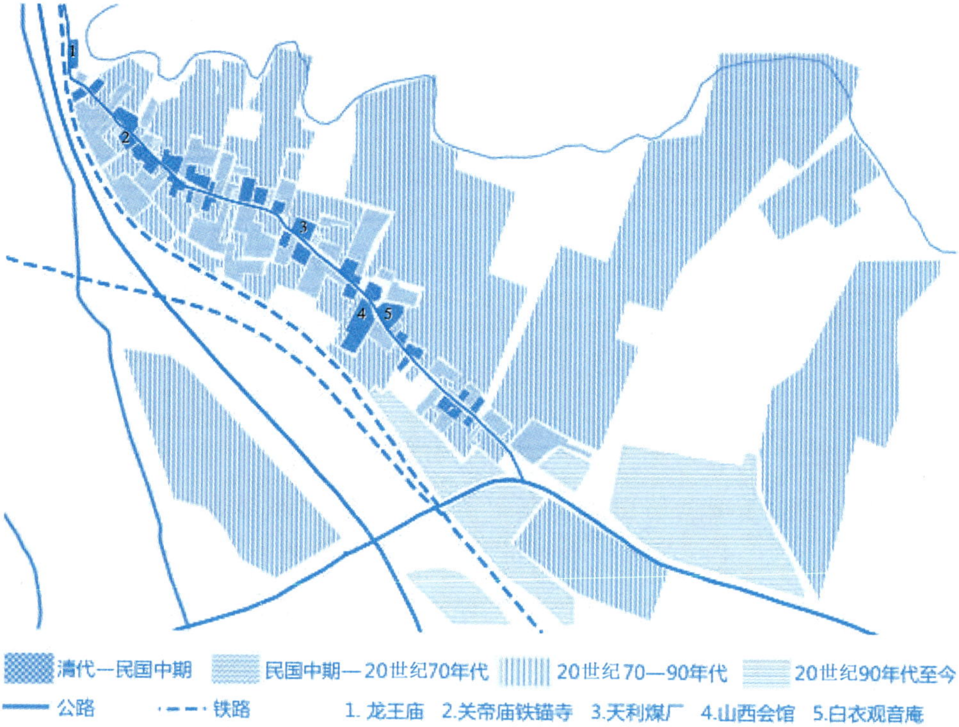

图 3-5 三家店村现状建筑年代分布

在村落东部、南部更广阔的空间里,村落早期内核的扩建形成了扩长(accretion),建筑年代普遍较新,尺度较大,分布稀疏且不连续,平面类型单元呈现出非传统性的特征。

从土地利用类型的角度(图 3-6)来看,目前三家店村土地利用分为 4 种类型:① 居住用地;② 商业用地;③ 公共服务设施用地;④ 油料研究所用地。

居住区无论在村落发展内核还是扩长区都占有最为广阔的土地,村落内有多个年代的民居分布,尤其是村落主路两侧的民居,经过多次修补、翻新、加建,呈现出更为复杂的形态。

商业主要分布在村落西南与村落主路东南口。村落西南被丰沙铁路、六环路与水闸北路切割出相对独立的地块，建成龙泉会议娱乐中心、龙泉宾馆、龙泉会堂等一系列对外商业服务设施，与三家店村联系不紧密。村落主路东南口则分布有大量临街小商铺，提供餐饮、零售、理发美容等服务，服务对象主要为三家店村民。

公共服务设施包括主路东南口的三家店菜市场，村落中部由山西会馆改建的三家店小学，村落北部的启明星幼儿园和应急避难场所。

解放军总后勤部油料研究所占据的地块原为建造于雍正四年(1726)的怀恪公主墓，1986年建成油料研究所。

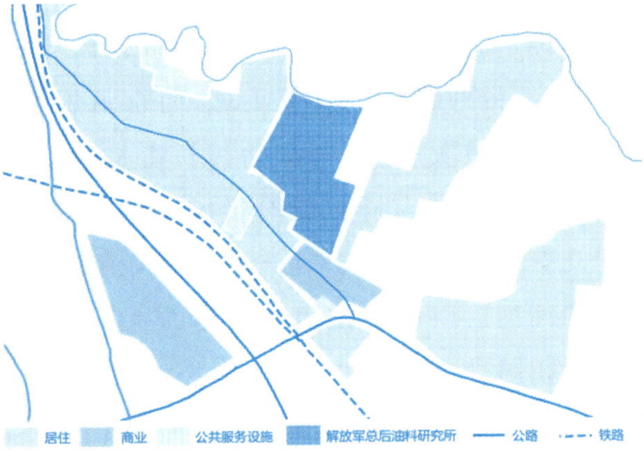

图 3-6 三家店村土地利用现状

2. 村落形态演进过程

依据文献资料和实地调研获取信息，结合三家店村落及其周边地区的发展历史，将三家店村落的生长过程分为4个阶段：① 1921年前；② 1921—1952年；③ 1952—1978年；④ 1978年至今。在三家店村的各个发展阶段，经济、社会、文化等内部作用力和外部环境、自然要素等外部作用力，都对村落的平面格局、土地利用和发展核心有着不同程度的影响。下面试对三家店村4个时期的空间形态演变过程进行分析，但由于历史地图等资料的缺乏，具体的村落平面还原并不准确，主要关注各个发展阶段的村落形态特点与变化趋势。

（1）1921年前

在三家店村落出现初期，受到自然基底的影响很大，村落西侧的永定河和北侧的山地作为三家店村发展初期的固结线，限定了村落的边界。

交通区位是推动三家店村走向繁荣的最重要原因。自元代以来，京西古道逐渐成为沟通京城与西部山区乃至山西、内蒙古的重要交通线，作为京西古道主干线的商旅故道“西山大道”更是有着举足轻重的地位。而西山大道跨越永定河的渡河口即在三家店村。

据《宛署杂记》记载，早在明代万历年间，三家店村一带的永定河道上就建有简易桥梁。据三家店村内白衣观音庵清同治十一年(1872)《重修西山大路碑记》称：“盖闻造桥梁以济人渡；修道路以便人行；务民之义，此善举之第一也。况西山一带仰赖乌金以资生理，而京师炊爨之用犹不可缺。道路忽尔梗塞，各行生计攸关……”三家店板桥正是西山大路上跨越永定河道的交通要津，它连接三家店村与琉璃渠村，沟通京西山区与城区的经济联系，经济作用及意义重大，汛期水大时一般要收回板桥，改为渡船载人通行，这座板桥直到民国后期还在使用。这样的板桥在下游也有一座，通往城子村，形制基本相同。

此外，三家店村的主路“三家店中街”向北延伸通往妙峰山娘娘庙。妙峰山娘娘庙始建于辽代，供奉着道、儒、释、俗各路神灵，是明清时期华北地区的民众信仰中心。三家店的主路是一年一度妙峰山香会的必经之路，是京西古道香道的重要组成部分。

因此可以推断，这一时期的三家店村主要沿主路和南侧通往永定河渡口的道路两侧发展。而当时的村落核心很可能位于两个具有重要地位的渡河点。

煤业的发展则是三家店村发展繁荣的另一个重要因素。清乾隆以来，三家店村的煤厂日益增多。京西三区王平村、大台、煤窝、斋堂一带煤窑开采的煤炭销往北京，地处京西西山大路入山起点的三家店村成为最好的中转站。煤厂收买蓄积煤炭，再由煤厂用骡马车运送至京城。晋商因与三家店村经济往来密切，在村落主路南侧建成山西会馆以供休憩、娱乐。这一时期，三家店村内重修庙庵的碑记中提到诸多煤厂，其中最著名的天利煤厂位于现三家店中街73号、75号、77号院，总占地3500多平方米，由村内京西望族殷家开办。碑记中还提到许多京城内的煤厂，因与三家店村往来交易频繁，对修庙之事慷慨解囊相助，反映了当时城乡商业交往的密切程度。从现有资料看来，自清乾隆时期到光绪末年，京西古道沿途的煤业发展达150年以上，三家店村在这一时期达到繁盛的顶峰。由此可以推断，邻近天利煤厂遗址的山西会馆（现三家店小学）与白衣观音庵也是当时的村落核心之一。

在经济、文化、外部自然环境和交通区位的共同作用下，河流与道路奠定了三家店村的基本形态框架，而渡河点和与煤业相关的主要建筑形成村落的发展核心（图3-7）。

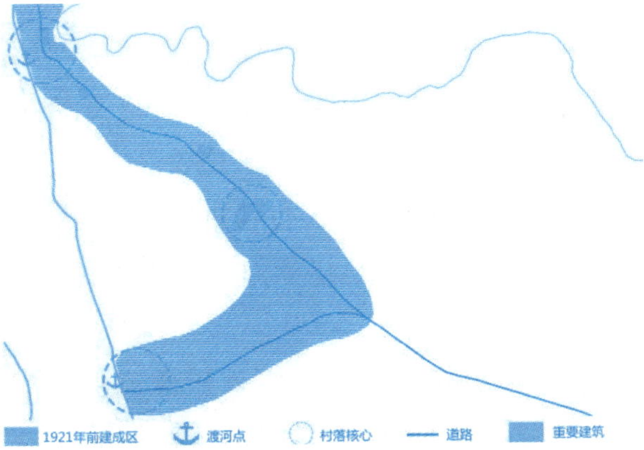

图3-7 发展阶段一（1921年前）村落空间形态

（2）1921—1952年

在这一阶段，外部交通对三家店的影响仍然是非常重要的。

1921年京门（北京—门头沟）公路大桥（又称老洋灰桥）建成通车，公路运输煤炭效率高、成本低，传统煤厂业在竞争中毫无优势。北京城用煤各业可以直接到圈门各煤窑载取煤炭，所有由牲畜从王平村、大台山区煤窑运载出山的煤炭，已经不必送到三家店一带的煤厂再转运至京了。传统的板桥和渡船在三家店村的重要地位下降，渐渐退出了历史舞台。后从渡口附近的河道中打捞出一只一米多高四个大钩、重三百余斤的大铁锚。曾经世代依赖渡船的三家店人将其视为神物，供奉在村西关帝庙中，并把庙宇改成“关帝庙铁锚寺”。虽然板桥与渡口消失在历史长河中，但与其相关的铁锚成为三家店人集体记忆的重要组成部分。

随着渡河点作用的下降，原依赖渡河点发展起来的村落核心也相应衰落。

交通条件的发展变化也导致了业态的改变。1925 年北洋政府时期修建了门斋铁路（城子—木城涧），中部山区王平村、大台一带所产煤炭实现了火车运输，在这种崭新的运输形式出现后，城里煤铺提供市民用煤的来源也呈现出多样化的趋势，三家店一带煤厂业的中转作用骤然消失，被先进的运输方式所取代，以致各煤厂在很短的时间内失去存在的价值，相继歇业，完成并结束了它们的历史使命。

虽然三家店村失去了煤厂业这一重要的产业支撑，但沿村落主路的商业逐渐发展兴盛。经济因素的变化使得村落景观开始了功能上的转化（transformation），也为新的建设活动提供了经济支持。从《民国时期三家店村部分店铺旧址》（图 3-8）可以看出，包括粮店、药铺、油坊、染坊、鞋铺等在内的 100 余家店铺沿主街分布，反映了这一时期村落内商业的繁荣景象。

在交通区位与经济因素的影响下，原依托渡河口发展的村落核心衰落，形成以三家店中街为中心的繁华商业景观，在经济发展的支持下，村落建成区进一步扩长（图 3-9）。

（3）1952—1978 年

1939 年抗日战争期间，日军强征民工企图修筑东起三家店、西至沿河城的同塘铁路丰沙路段，以控制沿线地区。1944 年，在八路军的打击下，同塘铁路被迫停工。1952 年，丰沙铁路重新开始修建，并于 1955 年建成通车。丰沙铁路的建设，使三家店村被人为地分割成两部分。

虽然早在 1921 年京门公路大桥已建成通车，但最初建成的公路车道少，路况差，通行能力较低。1956 年，在原三家店南部渡河口处 17 孔拦河

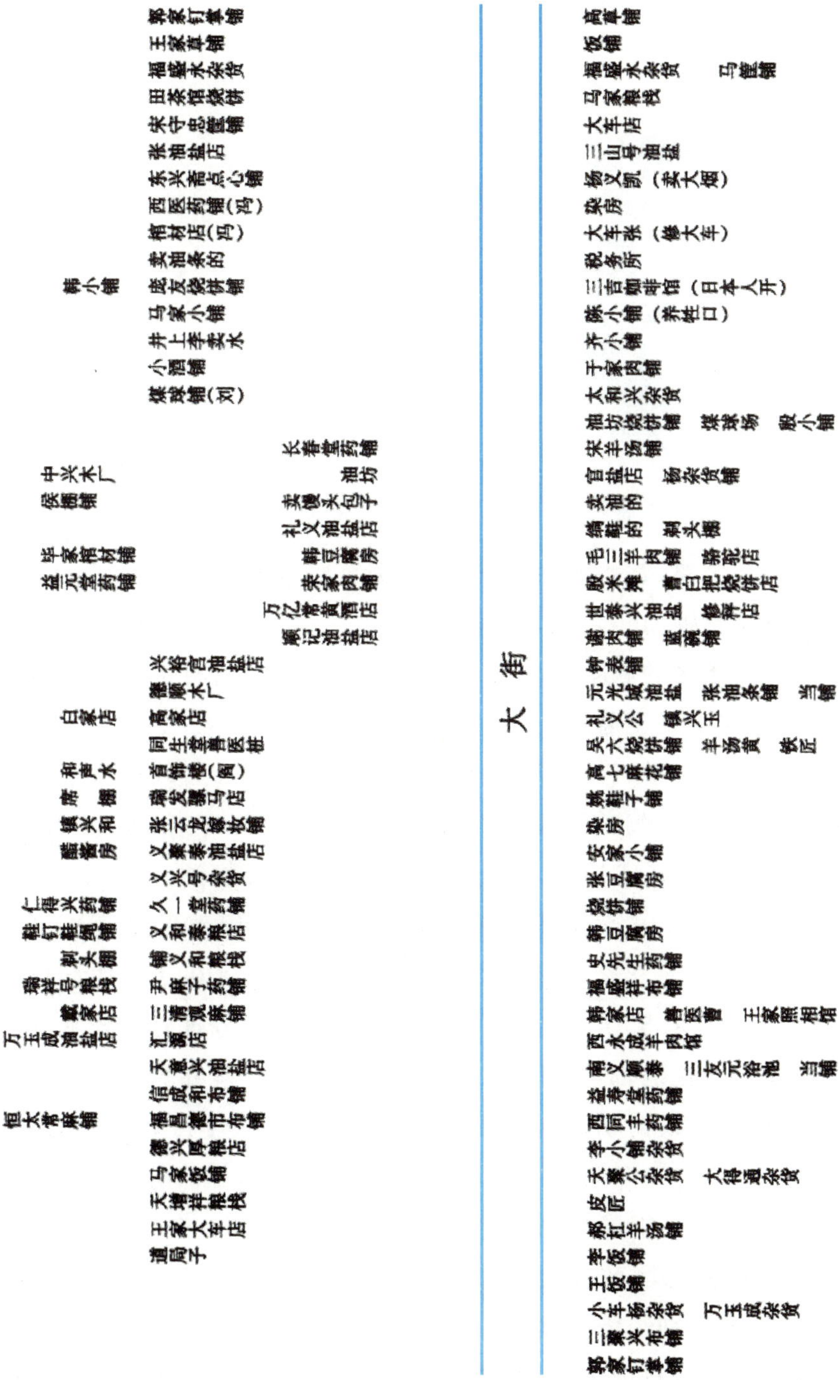

图 3-8　民国时期三家店村部分店铺旧址

资料来源：中国民俗文化志·北京·门头沟区卷。

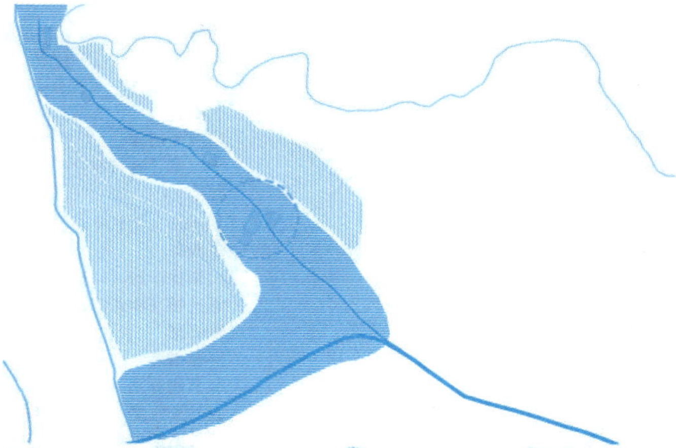

图 3-9 发展阶段二(1921—1952 年)村落空间形态

水闸修建竣工,是公路、蓄水两用河闸,拦河闸公路桥加人行道总宽 9.2 m。同年,京门公路沥青铺面。自此,三家店村的对外交通条件得到了很大程度的改善,与北京城区的联系更为便利。因此这一时期的村落中心开始出现由原主街中部向主要交通联系方向转移的趋势。

新中国成立后,三家店村的形态演变过程逐渐受到社会政治因素的影响,这一影响主要通过解放军部队的征地建设活动实现。1951 年 11 月,中国人民解放军进驻三家店地区,驻军部队开始修建野战油库,1954 年竣工。1953 年,由中国人民解放军铁八师部分转业官兵组建的铁道部第三工程局第四工程处进驻三家店地区南部,后形成四局地区机关和生活居住区,占地约 0.6 km^2。1955 年,中国人民解放军海军 700 仓库在三家店村征地 170 亩,建成营区基地,后更名为 1208 仓库,又称“海军舰船器材仓库”。解放军部队的征地建设活动在这一时期三家店村的扩长中占有较大比例。

从经济因素来看,1954 年三家店地区成立了 4 个农业合作社,1955 年合并成为初级社,1956 年成立高级社,下辖 11 个生产队。1958 年门头沟成立大公社,三家店地区政社合一,改为三家店大队;1962 年政社分开。这一阶段我国处于计划经济时期,三家店村的农业生产经历了人民公社和“大跃进”阶段,并一定程度上受到“文化大革命”的影响,经济发展并不迅速，由此推断这一阶段的建设活动不是非常活跃。

受到交通条件、社会政治因素和经济因素的影响，三家店村落平面被一分为二，丰沙铁路取代永定河成为村落扩长中新的强大的固结线。同时村落核心出现向村落东部，即主要经济联系方向转移的趋势（图 3-10）。

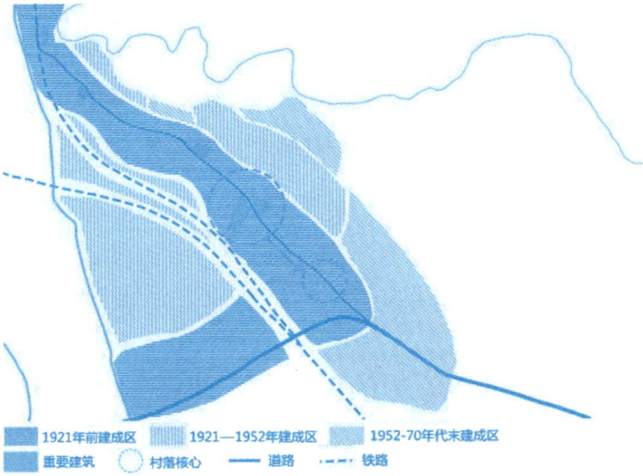

图 3-10 发展阶段三(1952—1978 年)村落空间形态

（4）1978 年至今

外部环境的变化导致三家店村落平面格局改变。2009 年，北京市六环路建成通车，进一步切割三家店村落平面。从村落现状来看，西南部由六环路、水闸北路和永定河围合而成的三角形地块建有龙泉会议娱乐中心、龙泉宾馆、龙泉会堂等一系列对外商业服务设施，土地利用类型和建筑类型都与村落主体缺乏明显联系，形成相对独立的部分。

经济因素也继续影响着村落景观的发展变化。改革开放后经济迅速发展，计划经济逐渐向市场经济转变。随着经济政策的变化，土地使用的传统类型向适应新的经济活动和社会需求的方向转变，单一功能向混合业态转变。城市化浪潮推动，产业结构调整，面粉厂、住宅小区等项目相继开始建设，从功能与形式上替代原村落景观。在与城市密切沟通联系的要求下，村落核心转移至与城区交通联系最为便利的村东口。

这一阶段社会因素起到一定作用。20 世纪 70 年代末人口增长速度快，住房需求随之增长，村落扩长速度较快，不断有新的建成区出现，陆续有板楼、高层等新型住宅规划建设，同时原有建成区的地块进一步内蕴。村落行政上的变化给新的建设活动带来影响。1984 年，公社改为乡，三家店大队随属。1990 年，门头沟乡改建制为龙泉镇，三家店归龙泉镇管辖。组织方式的完善使村落的建设活动受到更多的计划和控制，新的建成区平面整齐划一，正是受到规划影响的结果。

受到外部环境、经济因素和社会因素的影响，村落核心转移至村东口。村落受到六环公路、丰沙铁路和山地限制，主要向东侧延伸(图 3-11)。

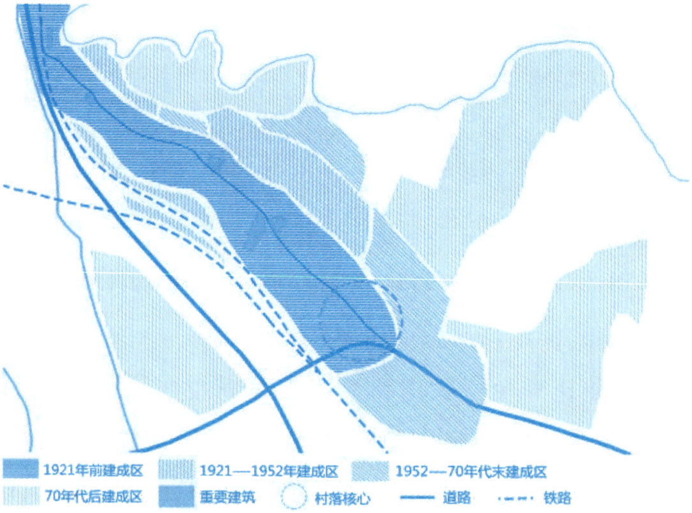

图 3-11 发展阶段四(1978 年至今)村落空间形态

3. 村落平面格局形成过程

结合三家店村空间形态的演变过程和现状地图，沿村落主路“三家店中街”分布的致密、细腻的区域为村落发展的内核。内核外部被广阔的边缘带包围，边缘带内侧和外侧的建筑形式有明显的差异。村落在扩长、演替的早期受到河流、山地等自然固结线的限制，但在发展后期公路、铁路代替了河流成为新的固结线，对村落平面格局产生很大影响(图 3-12)。

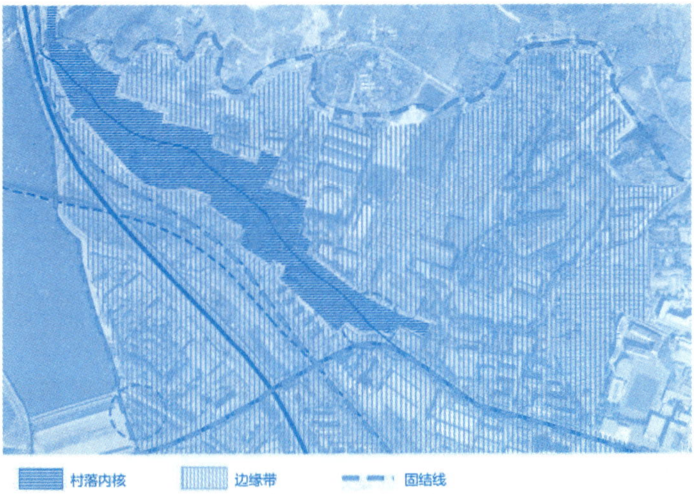

图 3-12 三家店村落平面格局分析

4. 村落建筑肌理发展过程

(1) 建筑类型分析

根据实地调研，三家店村的建筑类型可依据其建成年代大致分为4种。

第一种为清代、民国时期建筑，包括大量文保建筑，如龙王庙、关帝庙铁锚寺、白衣观音庵等。其中大部分虽已经过后期修缮，但其年代特征仍然得到了较好的保存。这类建筑零星分布于三家店主街两侧。

第二种为20世纪70年代前建成的建筑，其特点是在原有硬山顶民居基础上进行拼贴改建，以适应新功能的要求。这种改建往往导致建筑形态与院落形态协同变化。这类建筑集中分布于三家店中街与西街两侧。

第三种为20世纪70年代起建成的建筑，其特点是仿原民居形式建成，坡屋顶，多为砖木结构，部分饰有琉璃瓦。这类建筑主要成片分布于村落东北部区域，建筑间构成小型院落格局，排列整齐。

第四种为20世纪90年代起建成的建筑，包括小型平屋顶民居、中高层板楼住宅和大型机构建筑等，一般为钢混结构。其中许多为龙泉镇的单位及其职工住所，主要分布于村落东南部。

（2）内蕴模式分析

根据实地调研，本书将三家店村院落空间的内蕴发生模式归结为三种。

第一种横向侵街型内蕴，是通过对建筑沿街立面及入口部分进行扩建改造，以获得更大的临街面积和入口空间。这种改造形成的新立面多为砖墙，外表光鲜整洁，与原有建筑立面相比具有较高的辨识度。这种改造方法虽挤占了街道空间，却使原参差不齐的沿街立面趋于平整。这类改建主要出现于村落重要街道的两侧。

第二种纵向连接型内蕴，是利用原有建筑山墙面构成新的院落入口，并通过围合的方式获得更多的私密空间。这种方式将原有入宅道路变为院落的一部分，使空间得到增加。这类改造主要出现于纵深的巷道两侧。

第三种内向填充型内蕴，是在原四合院基础上，将两侧厢房向内部扩展，通过挤占一部分原庭园空间来获得较多的建筑空间。这种改造方式较完整地保存了原院落形态，在三家店村中应用范围最广，合院形式的民居中或多或少都有所使用。

第四章

中国村庄现状特征

现阶段我国处于快速城镇化进程中，城乡结构也在不断变化。截至2019年年底，我国人口城镇化水平60.60%，乡村人口数5.5亿人，乡镇级区划数38 755个，其中21 013个镇、9221个乡、8519个街道办事处，约53万个行政村。

我国的统计数据提供了关于村镇经济社会发展的总体状况，但对于村镇发展的特色和小尺度单元的村庄状况，现有统计口径和统计数据难以满足分析需要。为了解村镇发展的详细状况和差异性特征，本章采用实地调查数据并结合常规统计资料和调查访谈资料开展分析。

本章实证研究部分采用2014—2015年由北京大学课题组调查获得的7省12县的48个村的村级问卷调查数据。调查省份的选取综合考虑了各省的人均地区生产总值及其在全国东、中、西部地区的分布。为尽可能使调查样本具有较好的代表性，采取了分层抽样的方法。即按人均地区生产总值排序，对各省级单元分出高、中、低梯度，从各梯度单元中随机抽取，并兼顾空间分布，使各梯度层级的样本分布相对均衡，并且在东、中、西部省份数量分布较为平均。最终选取了东部的江苏省和山东省，中部的河北省、湖南省和河南省，以及西部的陕西省和云南省。对各样本省份内部样本县的选择，同样采取分层抽样并兼顾空间代表性的原则，按各省农村总体特点（例如农业大省山东、人口迁出大省湖南、南北差异较大的江苏等）在省内抽取两个具有省份代表性的县，共确定12个样本县。各样本县内按经济发展水平的高低分组随机抽取两个镇，共确定24个样本乡镇；乡镇内按照农民人均纯收入的高低分组随机抽取两个村，共确定48个村。总体来说，样本村基本能代表全国层面上的各种类型村镇。

课题组赴样本地与样本村的村干部面对面访谈调查，现场填写问卷调查。共收集了48个村2013年年底的村庄发展基本信息，包括区位、土地、人口、经济、基础设施、公共服务、村庄环境和村庄管理等方面的数据资料。样本省份的分布和样本省内样本村数量分布状况如表4-1和图4-1所示。

表4-1　样本省的人均地区生产总值及地区分布在全国的位置

省份	人均地区生产总值/元	地区	抽取村镇个数/个
湖南	33 480	中	8
河南	31 499	中	4
山东	51 768	东	4
云南	22 195	西	12
陕西	38 564	西	8
河北	36 584	中	4
江苏	68 347	东	8

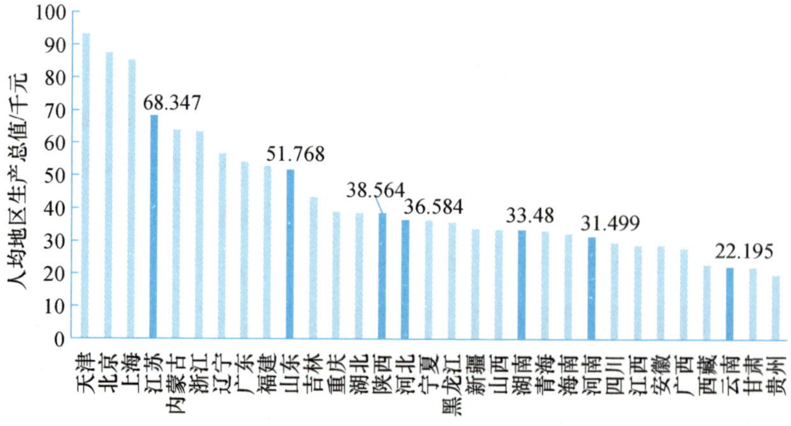

图4-1　样本村所在省份2012年人均地区生产总值在全国排序

一、村庄区位与自然禀赋特征

(一) 村庄区位

经过长期的发展和空间演变,我国乡村地区形成了符合地方发展条件和发展阶段的村镇体系。从聚落体系来看,小城镇构成了衔接区域城市体系和地方村镇体系的枢纽。作为城尾乡首的乡村地区地方中心,建制镇或乡集镇承担了对上接受县城和区域性中心城市辐射、向下为周边村庄提供服务的职能。因此,村庄在空间布局上具有围绕县城、建制镇和乡集镇分布、具备较好的可达性等特点。

样本村庄的分布可以体现这一特点。村庄大多集中在距镇中心和县中心相对较近、相对可达的范围内,但相较与镇中心距离的分布来说,与县中心距离的分布更为离散,镇成为村庄布局围绕的中心。一方面,将 48 个样本村与最近县中心的距离从小到大排列并作柱状图进行描述(图 4-2),发现在绝对距离上,虽然大部分村庄与县中心距离在 40 km 以内,但各村与县中心的距离差异较大,个别村庄与其县中心相距 70 km 以上,且各村之间差距较大。另一方面,将 48 个样本村与最近镇中心的距离从小到大排列并作柱状图进行描述(图 4-3),在绝对距离上,各村距离镇中心远近不等却相对集中,除湖南省长沙县春花镇九木村距最近镇中心为 15 km 外,其余村庄距镇中心距离均在 10 km 以下,其中大部分集中在 5 km 以内,到镇上的可达性较好,且远高于到县的可达性。

进一步观测村庄与城镇距离在样本村的概率分布,两者均在一定程度上满足正态分布,但到镇中心的距离更为集中。48 个样本村中有 58.34% 的村庄距离最近的镇中心在 5 km 以内,有 43.75% 的村庄距离最近的县中心在 20 km 以内,相较于到县中心的距离,到镇中心的距离分布更向短距离集中(图 4-4,图 4-5)。

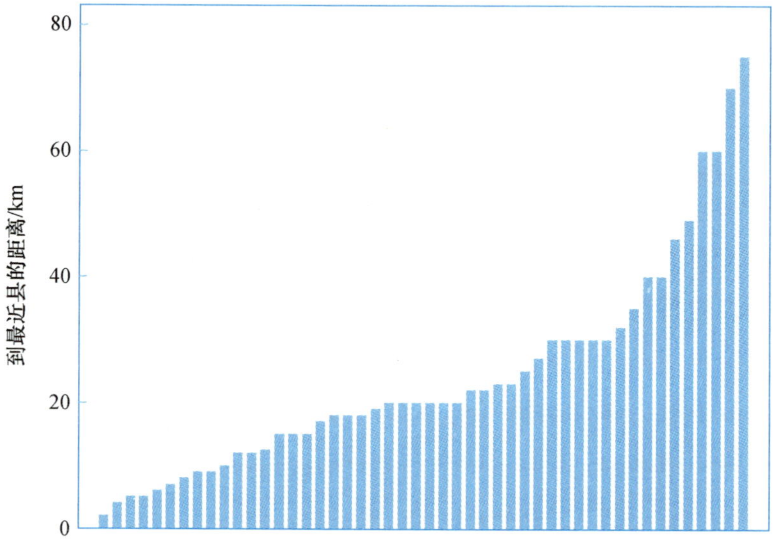

图 4-2 各村到最近县中心的距离分布

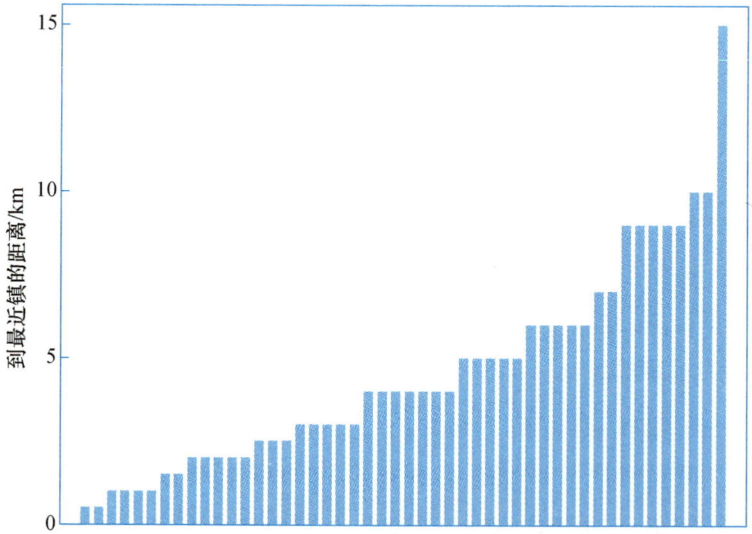

图 4-3 各村到最近镇中心的距离分布

到镇中心距离的平均值与标准差均远小于到县城距离的平均值与标准差。其中各村庄到最近镇中心的距离的平均值和标准差分别为 4.53、3.1，而各村庄到最近县中心的距离的平均值和标准差分别为 24.07、

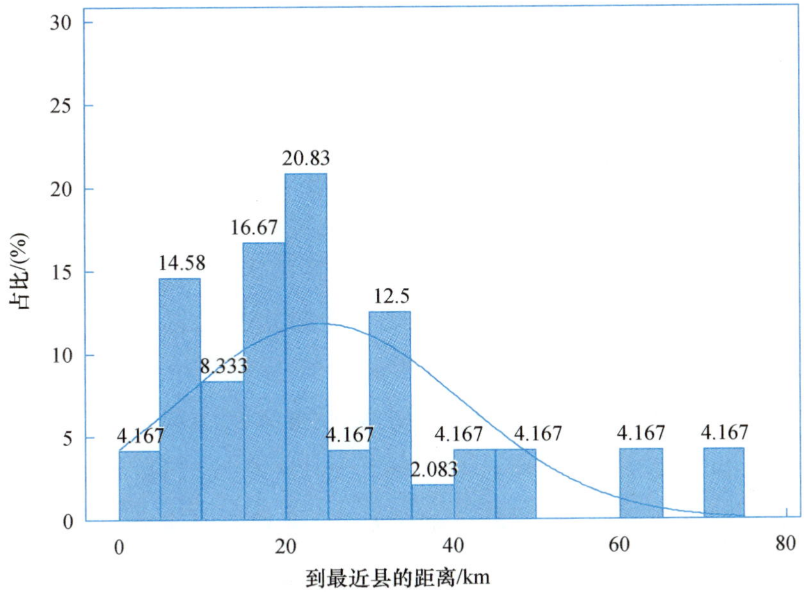

图 4-4　样本村庄到最近县城距离的概率分布

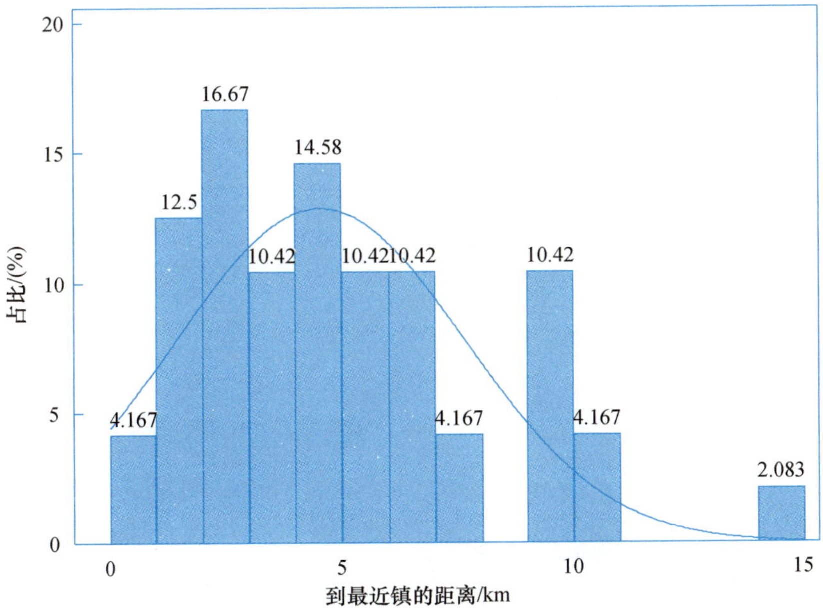

图 4-5　样本村庄到最近镇距离的概率分布

16.87，远大于各村庄到最近镇中心的距离的各个统计量(表 4-2)。考虑到平均值对标准差的影响，将各变量的标准差除以平均值，得到标准化后的标准差，则各村庄到最近镇中心的距离的标准差变为0.6843，而各村庄到最近县中心的距离的标准差变为0.7009，依旧大于各村庄到最近镇中心的距离的标准差，表明不论在相对数值还是绝对数值上，各村到县中心距离的差异性大于到镇中心距离的差异性，与前面的简单统计结果一致。这表明，现阶段村庄依托附近小城镇获得基本公共服务有较强的普遍性，小城镇的地方中心功能有较好的基础。在以县城为中心推进城市型基础设施和服务设施向乡村延伸、提高乡村服务保障水平的同时，在较长时期内仍不可忽视建制镇作为地方生活圈中心和日常服务中心的功能基础(图4-6)。在充分考虑随着乡村人口进一步减少带来村镇格局重构的背景下，合理研判村镇格局演变趋势，以县城为中心，从县域镇村体系视角来配置各类各级生产生活职能、推进城乡融合发展，是有效的途径。

表 4-2 样本村区位条件指标的统计量

变量	样本村数	均值	标准差	标准差/均值	最小值	最大值
与最近县的距离/km	48	24.07	16.87	0.70	2	75
与最近镇的距离/km	48	4.53	3.1	0.68	0.5	15

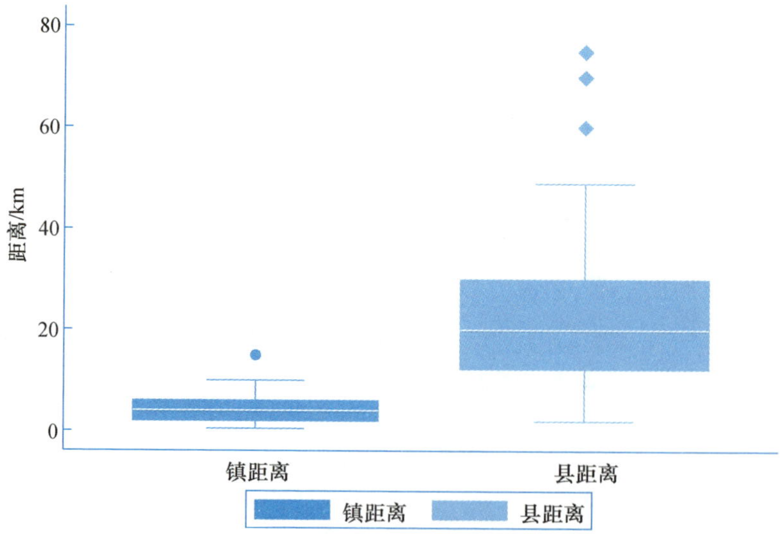

图 4-6 到镇中心距离和到县中心距离的箱图

(二)地形地貌

我国地域辽阔,地形复杂多样。以农业生产功能为主的乡村人口分布和村庄分布,受地形等地理条件的影响。不同地形地貌的农业生产条件不同,以及不同地貌类型的面积差异也较大,分地貌类型来看村庄分布,可以看出基于地貌类型差异的村庄分布特点。

样本村中,平原占村域面积比例较高,样本村大多以平原为主,为山地、半山半平原的村庄较少。48个样本村中有56.25%在村域范围内均为平原(图4-7,图4-8),它们大多位于东部地区,如山东、河北、江苏等,有22.92%的村庄在村域范围内均为山地,它们大多位于中西部地区,如云南、湖南等,仅有20.83%的村庄在村域范围内既存在山地又存在平原,它们大多位于陕西、湖南等丘陵地区。总的来说,样本在地形地貌上存在较大的差异,在选点的过程当中兼顾了平原与山地村庄。

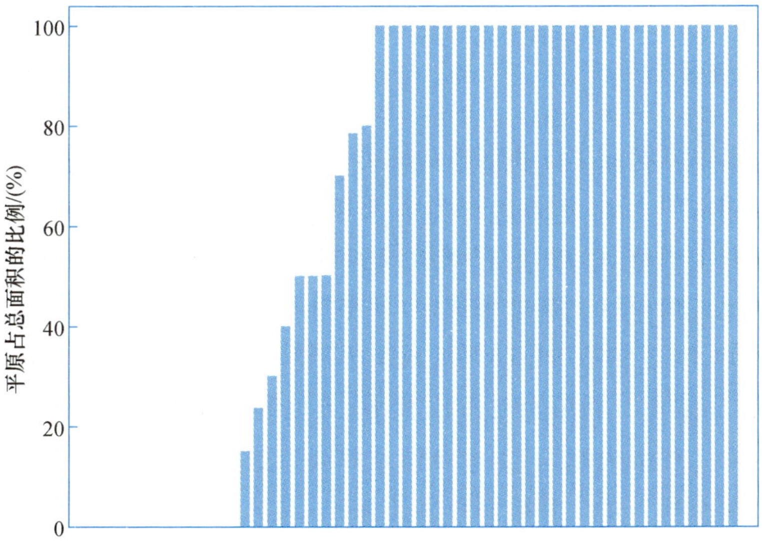

图4-7 样本村平原占总面积比例

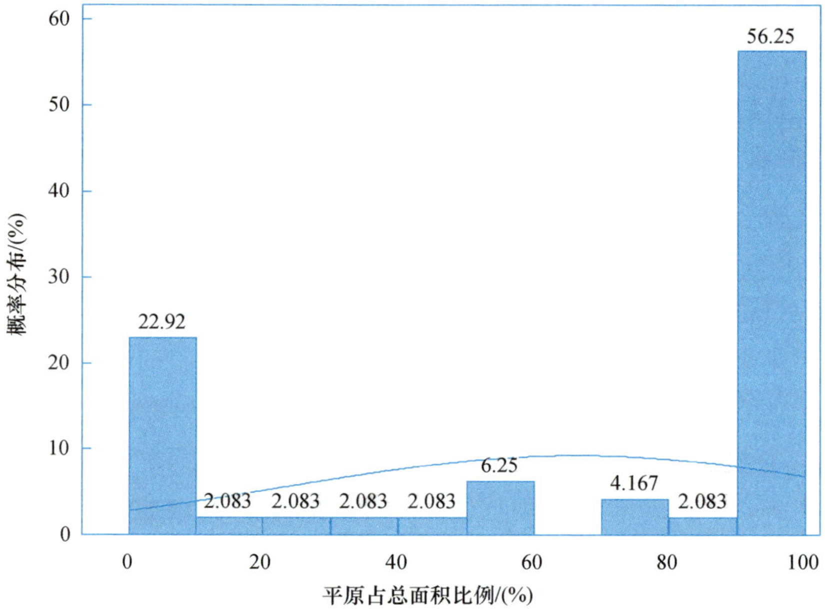

图 4-8 样本村平原占总面积比例的概率分布

(三) 土地资源

农村土地以农业生产和居住功能为主，水面和荒山荒坡等不可耕作或作为建设用地的土地，被村民视为不可利用土地或未利用地。当然，这种用地分类并不规范、严谨，但在现阶段农村发展中也反映了一定的经济社会发展状况。按照这个概念来理解，样本村不可利用地占总用地的比例基本在 25%以下，其中有 84.78%的村庄不可利用地占比在 10%以下。总体来说，在村庄中不可利用土地占比较小，土地利用率及自然潜力较高。这与我国农业生产历史悠久，土地垦殖系数高的国情相符。将不可利用地占村庄比例从小到大排序并绘制柱状图描述，发现除河南南阳淅川县七棵树村的未利用地占比高达 55.78%外(该村山地基本均为荒山)，其余各村的未利用地均在 25%以下，且样本的方差较小，表明村与村之间比例差距不明显(图 4-9，图 4-10，图 4-11)。

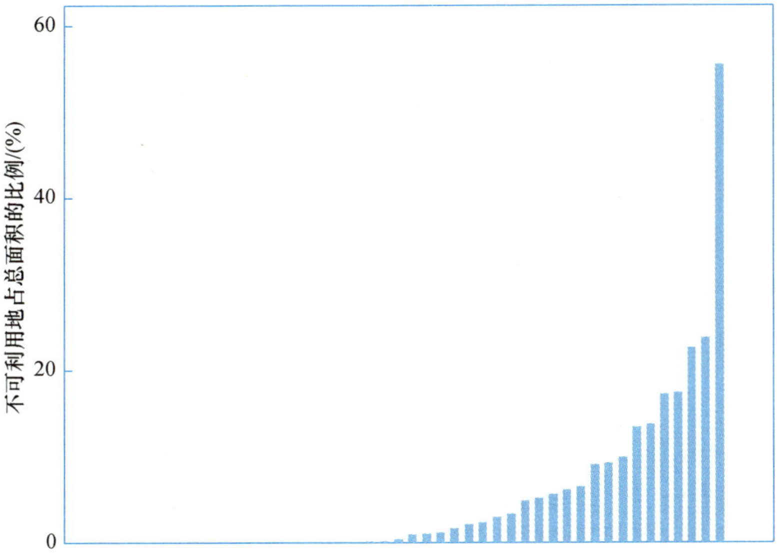

图 4-9　样本村不可利用土地占总用地比例

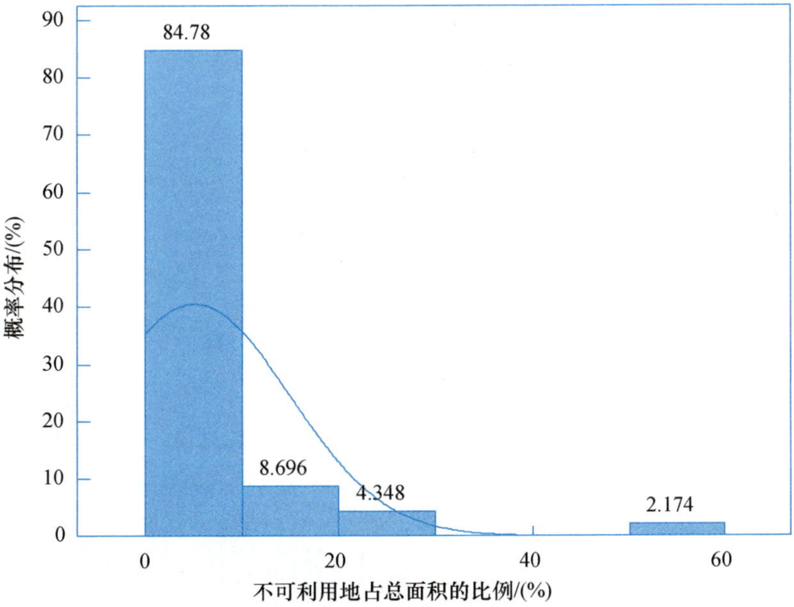

图 4-10　样本村不可利用地占总面积比例的概率分布

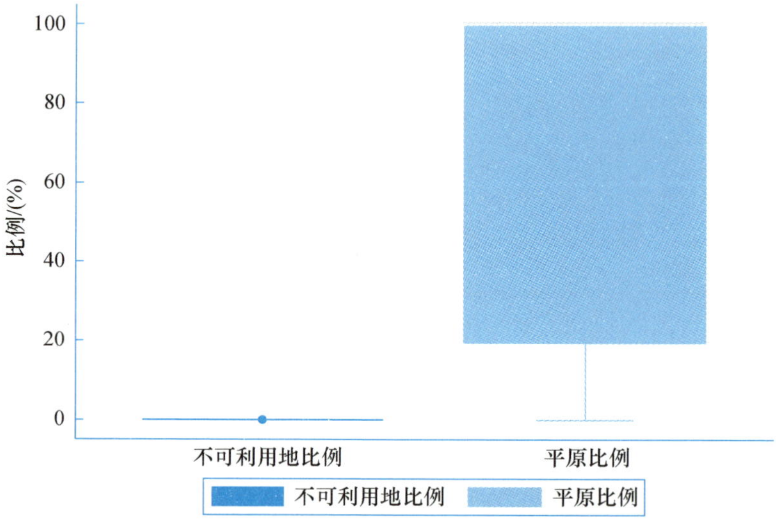

图 4-11 样本村平原和不可利用地占总面积比例的箱图

耕地依然是很多地区农村产业特别是农业的基础性资源，农户拥有耕地的多少是反映农村资源基础的重要指标。调查数据表明，各地村庄的耕地资源数量存在较大差别。样本村人均耕地面积基本在 3 亩以下，除一个

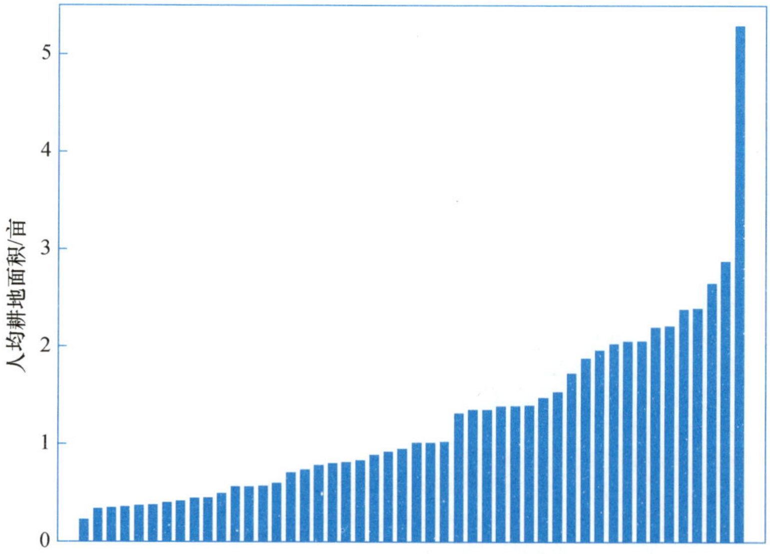

图 4-12 样本村人均耕地面积

村的人均耕地面积在 5 亩左右外，其余人均耕地面积基本符合我国“小农经济”的情况(图 4-12)。其中人均耕地在 1 亩以下的村镇较多，占所有村镇的 56%，反映了我国人多地少的基本国情(图 4-13)。人均耕地面积在 1～2 亩的村镇大致占 29.17%，在 2 亩以下的村镇占所有村镇的 79.17%，大部分村庄人均耕地面积较小，自然禀赋条件不高，且人均耕地的方差较小，即人均耕地面积较小是普遍现象，村与村之间的差异不大(表 4-3)。

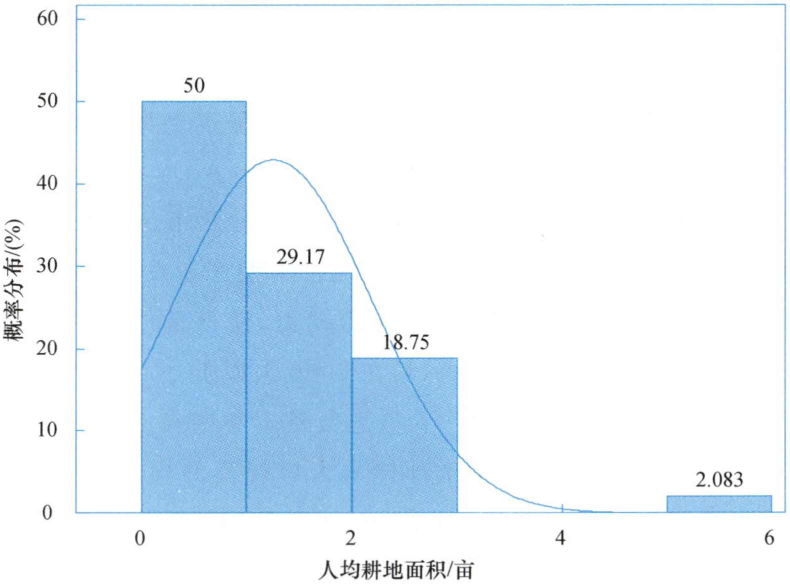

图 4-13 样本村人均耕地面积的概率分布

表 4-3 样本村自然禀赋指标的统计量

变量	样本村数	均值	标准差	标准差/均值	最小值	最大值
平原比例/(%)	48	66.4	42.93	0.65	0	100
不可利用地比例/(%)	46	0.05	0.1	2	0	0.55
人均耕地面积/亩	48	1.25	0.93	0.74	0.22	5.29

二、村庄规模特征

(一) 人口规模

从调查数据看，样本村人口规模多数在5000人以下，常住人口基本都小于户籍人口，村镇人口迁出、异地就业现象明显，各村常住人口的差异性大于户籍人口的差异性。这与现阶段我国乡村劳动力大量进城务工、乡村人口处于减少态势的总体状况相符。将户籍人口与常住人口作柱状图并描述，除江苏省常熟市的各村户籍人口与常住人口差异较大外，其余各村户籍人口与常住人口虽不尽相同，但差距较小，基本上都呈常住人口小于户籍人口的特征，并多数在5000人以下(图4-14)。

比较特殊的案例是常熟市的样本村。由于常熟市位于长江三角洲地区，且轻工业发达，尤其是手工制造等劳动密集型产业发展较好，因此即便在村镇层面上，依旧吸引了大量的外来劳动力，使得常住人口规模远超户籍人口规模，且村庄人口规模较大，均在5000人以上。

除常熟市之外的样本村，村庄人口总数基本集中在5000人以内，且以1000～2500人的规模为主。从全部样本人口规模的均值和方差来看，由于村镇人口净迁出是普遍现象，因此户籍人口的均值略大于常住人口的均值；而各样本村由于区位、经济、土地等情况的不同，对剩余劳动力的推力大小差异较大，因此常住人口的方差显著大于户籍人口的方差(图4-15)。

(二) 经济规模

总体来看，样本村的经济规模差异较大，且主要表现为两极差异大，即经济规模两极分化明显。综合来看，村庄经济规模较小，样本村以经济规模较小的村为主，中间规模状态的村镇较少，个别村庄经济规模很大。将样本村的经济总产值作柱状图来对比，可以发现，除江苏省和云南省个别以非农产业为主的村庄经济总产量特别大外，其余样本村经济规模差距较

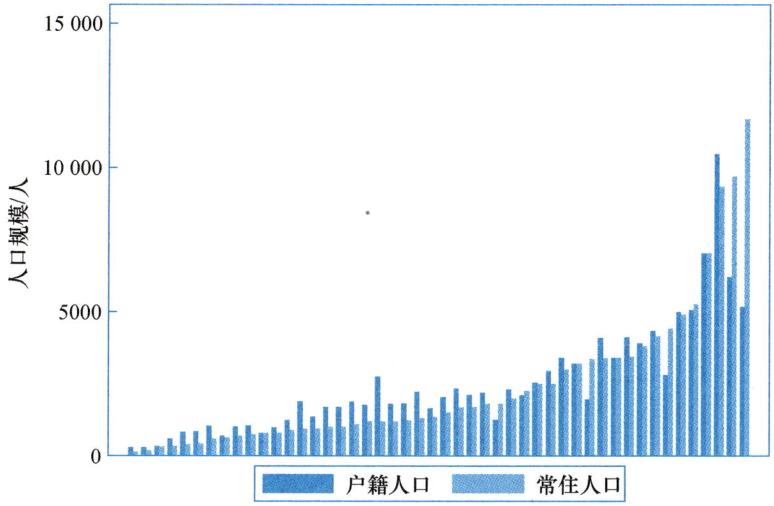

图 4-14 样本村户籍人口与常住人口的规模分布

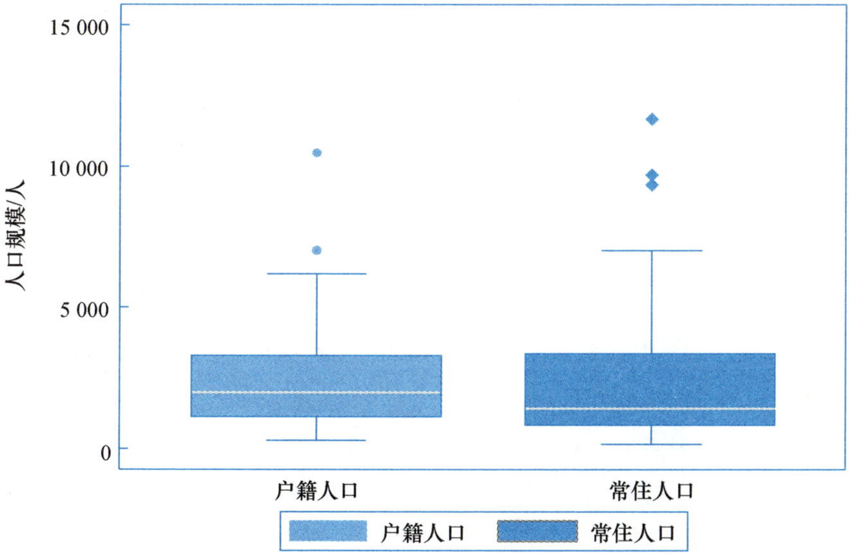

图 4-15 样本村户籍人口与常住人口的箱图

小，水平均较低，大多集中在 10 000 万元以下(图 4-16)。从规模分布频率来看，有 86.36%的村总产值在 25 000 万元以下，4.54%的村在 100 000 万元以上，缺乏中间规模的村镇。样本村经济总产值属于中间低两头大的分布现象，方差较大，经济发展不均衡(图 4-17)。

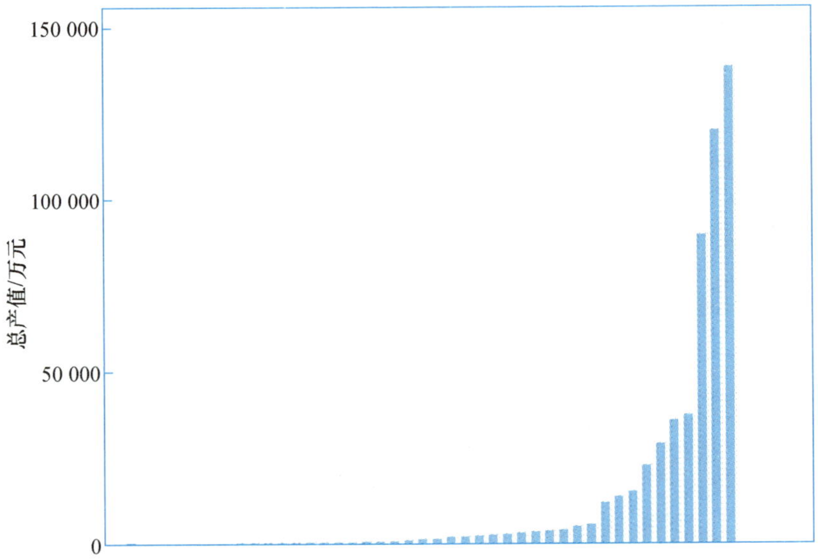

图 4-16　样本村总产值

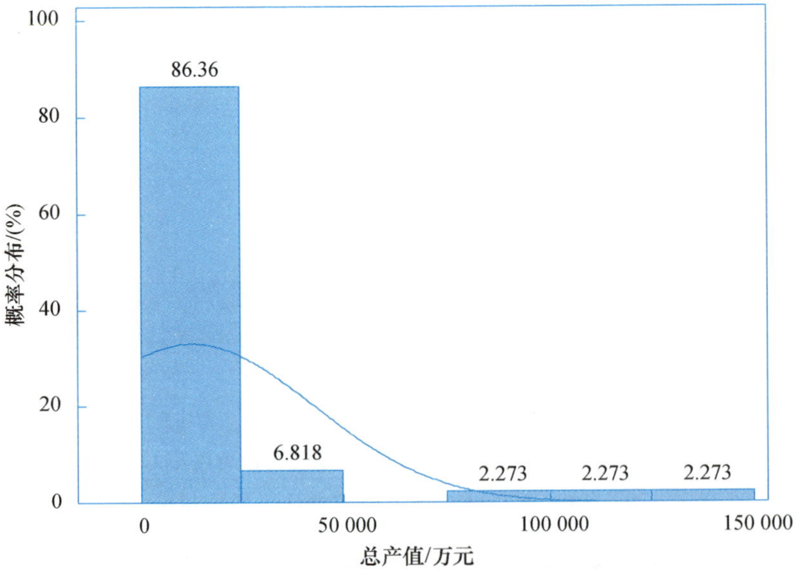

图 4-17　样本村总产值的概率分布

从人均纯收入水平上看，样本村经济规模差异虽然也较大，但相较于经济总量的分布而言方差较小。因为人均纯收入衡量的是每个户籍人口的收入水平，而家庭劳动力可能在村内务农，也可能外出务工，因此外出务工提升了一个纯农业村的农民人均纯收入水平，但村镇的经济总量依旧较低。即提升家庭收入的因素并没有发生在村内，主要由于家庭劳动力外出务工增加收入而缩小了村与村之间人均收入水平的差距。

大部分村庄的农民人均纯收入集中在20 000元以下，农民纯收入依旧较低，个别村则由于自身非农业发展较好，农民人均纯收入在40 000元以上（图4-18）。从人均收入值的分布频率看，近82.42%的样本村农民人均纯收入在15 000元以下，仅有2.083%的村人均纯收入在45 000元以上。总体来看，我国农村经济发展水平普遍不高、差距不大（图4-19）。

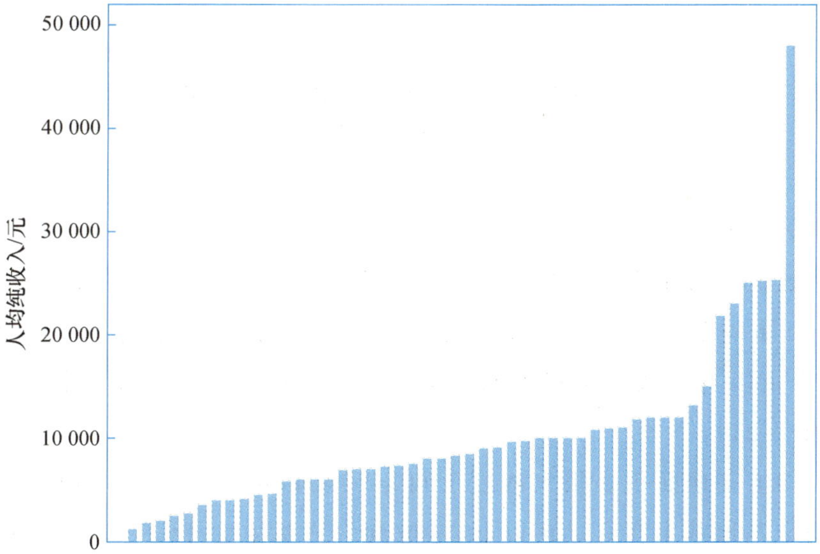

图4-18　样本村农民人均纯收入

（三）用地规模

样本村用地规模基本在10 000亩以下，但具有一定的差异性。仅有三个村的用地规模超过了10 000亩，其中有两个村的用地规模超过15 000亩，其余村镇的用地规模均在10 000亩以下。但10 000亩以下的村镇用地规模差异明显，并没有出现集中在某一用地规模范围内，村与村之间在土

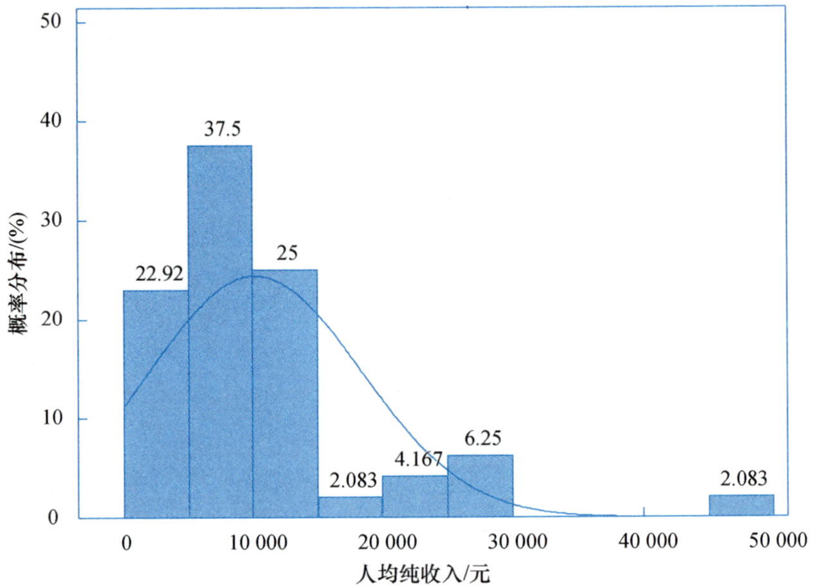

图 4-19 样本村农民人均纯收入的概率分布

地利用方面存在差异。

从数值分布频率看，91.3%的村镇用地总规模在 10 000 亩以下，其中 0～5000 亩的多于 5000～10 000 亩的村镇，大约有 70%的村镇用地总规模在 5000 亩以下。从样本村的数据来看，我国农村用地规模总体不大（图 4-20，图 4-21）。

人均宅基地面积在很大程度上可以反映村镇的建设用地规模。样本村人均宅基地基本在 0.2 亩以下，考虑到一户基本为 4～5 人，因此户均宅基地在 0.8～1 亩，总体来看宅基地面积较大，一户所拥有的建设用地规模较大。从人均宅基地面积数值分布频率看，42.55%的村镇人均宅基地面积在 0.1 亩以下，80.85%的村镇人均宅基地面积在 0.2 亩以下，且人均宅基地面积越大，概率越小，大部分村镇的人均宅基地面积集中在 0.2 亩以内的范围。个别村落（如山东有些样本村）人均宅基地甚至达到了 0.4 亩以上，这体现了我国户均宅基地大的特点。宅基地面积过大，反映了部分农村建设用地具有用地不够集约的特点（图 4-22，图 4-23）。

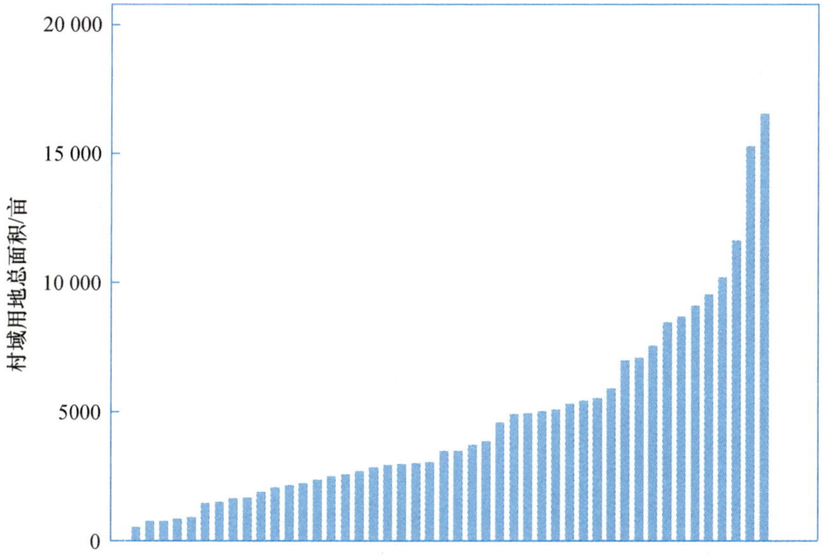

图 4-20　样本村用地总面积

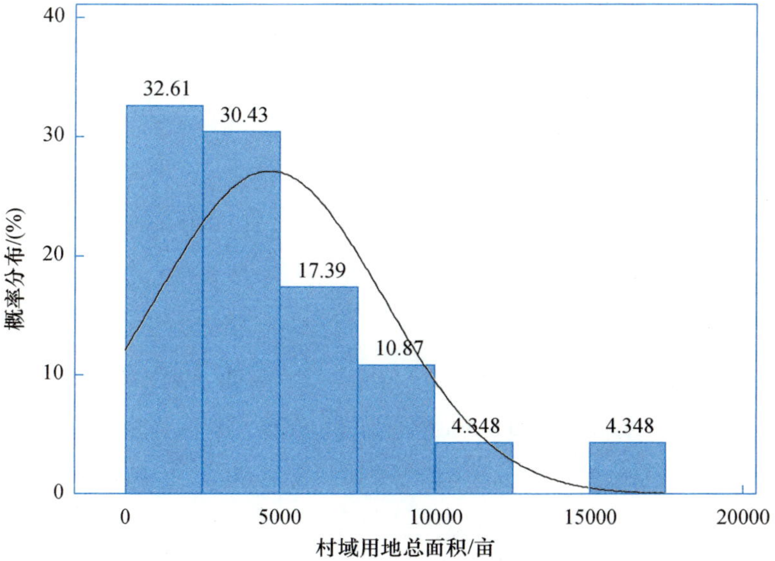

图 4-21　样本村用地总面积的概率分布

较大面积的宅基地在一定程度上也反映了我国村镇的农业生产的特点。但宅基地面积是否过大、是否带来土地资源浪费，要结合地方发展阶段和农村发展特点来分析。因为，在有些情况下，宅基地对于农户来说不

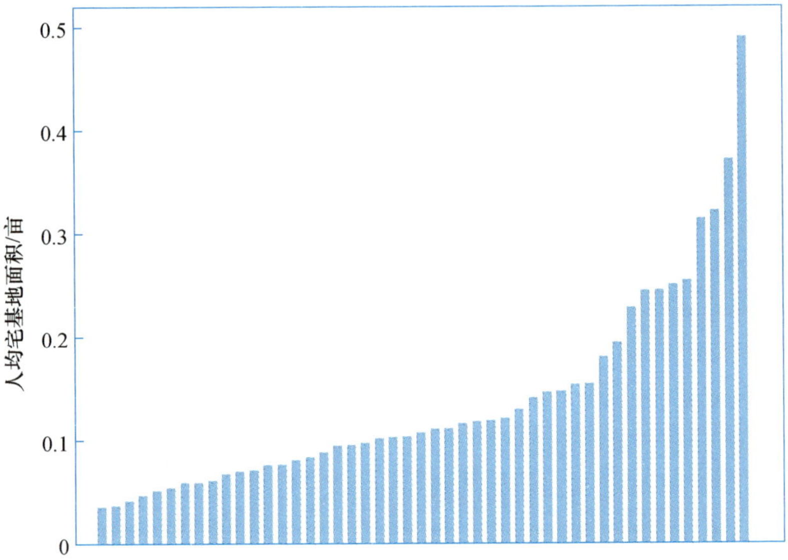

图 4-22　样本村人均宅基地面积

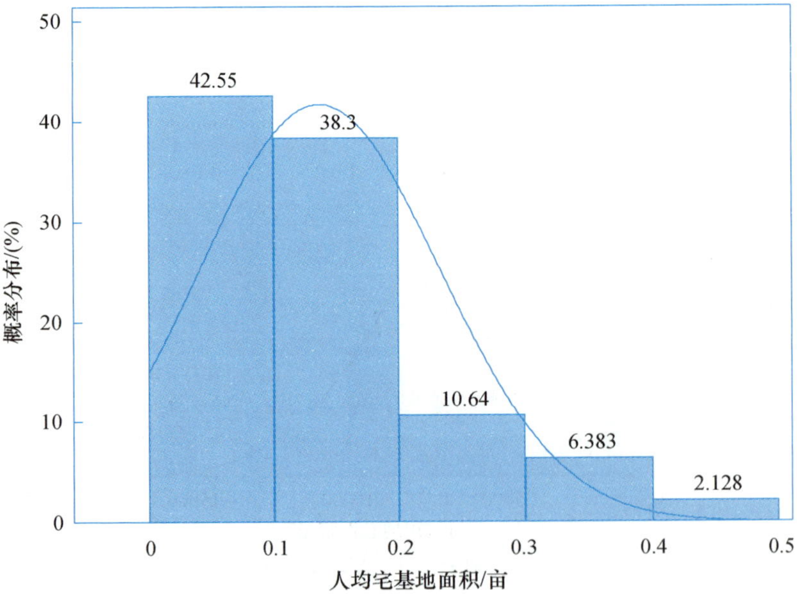

图 4-23　人均宅基地面积的概率分布

单是生活场所，有些地方的宅基地同时兼具生产功能或辅助性的生产功能，一定程度上也是生产场所。

综上，样本村落村镇规模指标的统计量如表 4-4 所示。

表 4-4　样本村落村镇规模指标的统计量

变量	样本村数	均值	标准差	标准差/均值	最小值	最大值
户籍人口/人	48	2512.73	1948.75	0.78	300	10 470
常住人口/人	48	2443.04	2541.12	1.04	150	11 676
总产值/万元	44	12 670.71	30 211.25	2.38	53.2	139 000
农民人均纯收入/元	48	10 181.9	8187.48	0.80	1200	48 000
村域用地总面积/亩	46	4683.01	3679.85	0.79	529	16 540
人均宅基面积/亩	47	0.14	0.1	0.71	0.04	0.49

三、农村人口特征

农村人口的规模、自然结构、经济结构和迁移状况都有自身特征。在快速城镇化和人口流动性较强的背景下，比较值得关注的结构特征主要是迁移状况和迁移状况下的劳动力特点。

(一) 迁移状况

我国的人口统计中对迁移人口的界定，是指跨乡镇居住半年以上或者在某地居住不满半年，但离开原住地半年以上的人口。其中城市辖区内跨越乡镇街道单元居住的人口不计入迁移人口。按照这一标准，总体来看我国农村属于大量人口迁出的聚落类型，但村庄之间迁出率不同。

从样本村的情况来看，样本村人口迁入率差异较大，大部分村镇没有迁入人口，但小部分村镇迁入率高达 40%以上。从村庄的具体特点来看，大部分村没有吸纳外来人口就业和居住，少部分村因经济发达而提供了较多的就业岗位，或者是集镇类型的村，或者是非农产业发展较好、地处发达区域的村镇，村庄居民中有大量的外来务工人员，人口迁入率较高。从迁入率数值分布频率看，81.25%的村基本没有迁入人口或很少有迁入人口，迁入率在 0～10%；而迁入率居中（20%～30%）的村基本没有；迁入率在

40%以上的村占了所有样本村的8.334%。迁入率两极分化明显,反映了仅少量村受非农经济发达影响而吸纳了外来人口,而绝大部分村庄以人口迁出为主(图4-24,图4-25)。

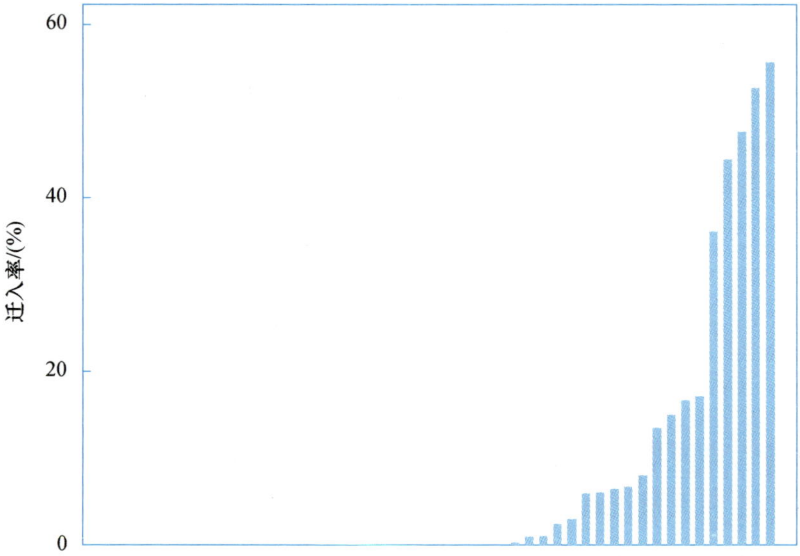

图 4-24 样本村人口迁入率

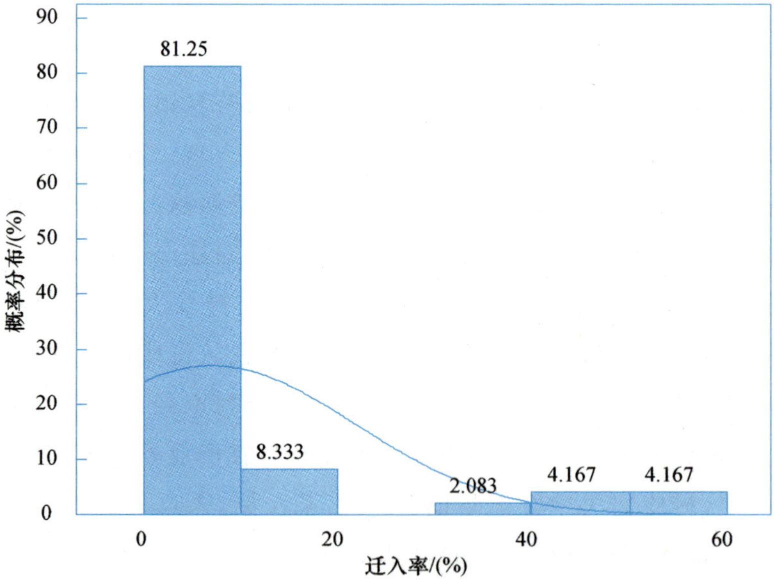

图 4-25 样本村人口迁入率的概率分布

各样本村在人口迁出方面的差异小于迁入状况的差异。基本上各样本村均存在迁出人口，这与我国大量的乡村—城镇迁移大背景相关。多数样本村的人口迁出率集中在10%～60%，表明大量劳动力外出是中国村镇发展的普遍特点。在迁出率的分布上，仅有27.08%的村镇迁出率在20%以下，样本村的迁出率集中在20%～40%，大致上呈现正态分布，内部方差较小。全国村镇普遍外出的现象缩小了各个村镇在迁出率方面的差别（图4-26，图4-27）。

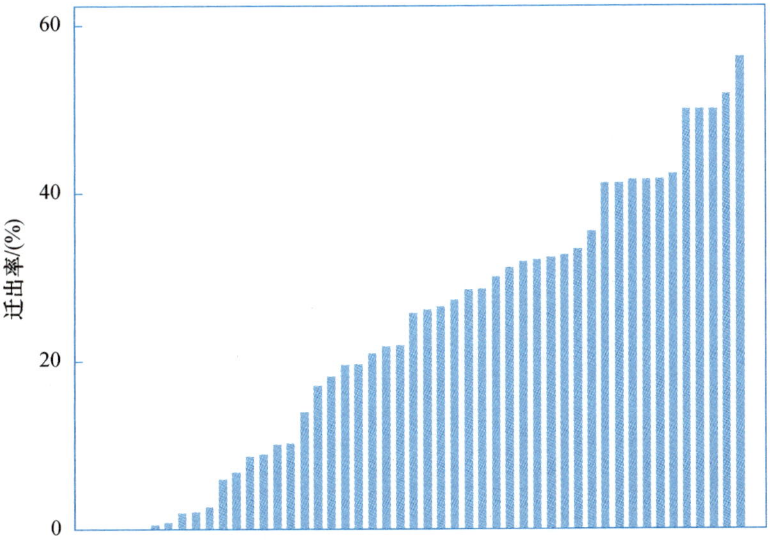

图 4-26 样本村人口迁出率

村庄人口迁出率和迁入率之间的差别可以更好地用箱线图来体现。一方面，人口迁入率分布总体较为集中在低值区域，但存在个别特别高的值，与大部分总体分隔较远；另一方面，迁出率集中在中间段，其平均值远大于迁入率的平均值，但不存在与总体脱离较远的样本点，总体分布较为集中（图4-28）。

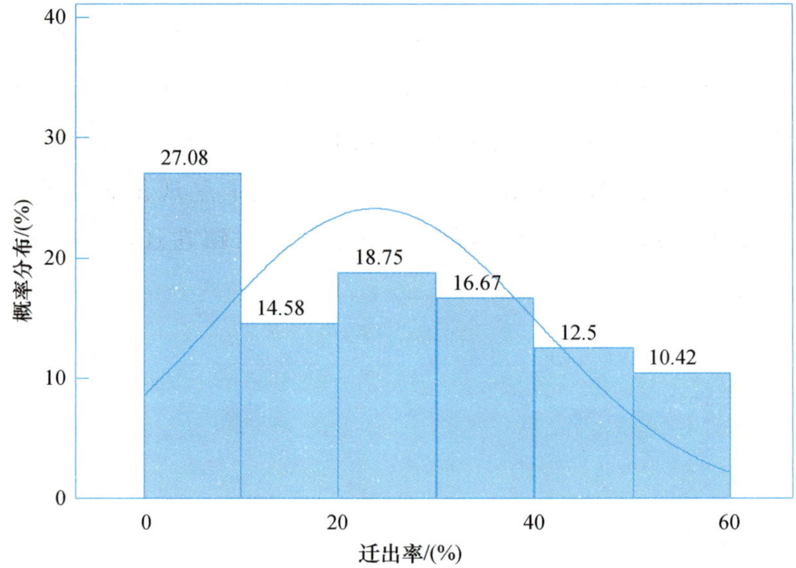

图 4-27 样本村人口迁出率的概率分布

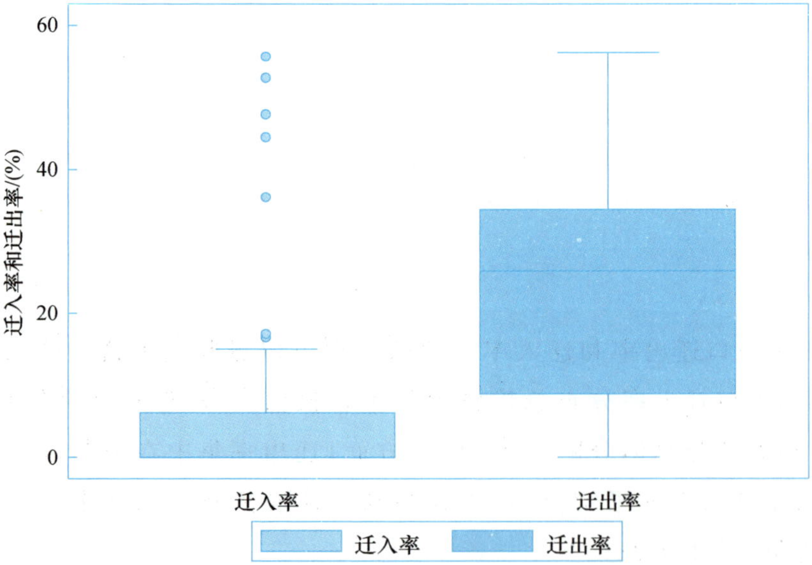

图 4-28 样本村人口迁入率和迁出率箱图

(二) 劳动年龄人口

20 世纪 80 年代以来,我国农村富余劳动力开始大规模进城务工经商,而由于户籍制度的限制以及城市中社会保障对外来人口覆盖率相对较低等原因,我国城镇化进程中的人口乡村—城镇迁移以劳动力个体迁移为主。尽管近年来家庭化迁移现象日益增多,但进城务工劳动力的带眷系数依然较低。从乡村常住人口来看,劳动力比例在一定程度上反映的是人口流动之后留在村镇中的人口情况。这种结构特点对于农村的经济社会发展和日常生产生活有较大影响。

从样本村的数据来看,近 2/3 的样本村的劳动力占常住人口的比例在 50%以下,约 40%的村的劳动力占常住人口比例在 40%以下(图 4-29,图 4-30)。值得注意的是,这里的劳动力包括较多在村镇中依旧从事农业活动的老年人口,事实上农村常住人口中劳动年龄人口更低。这从侧面反映了我国农村劳动力大量进城务工背景下,农村地区大量留守家庭、留守老人和留守儿童现象(表 4-5)。

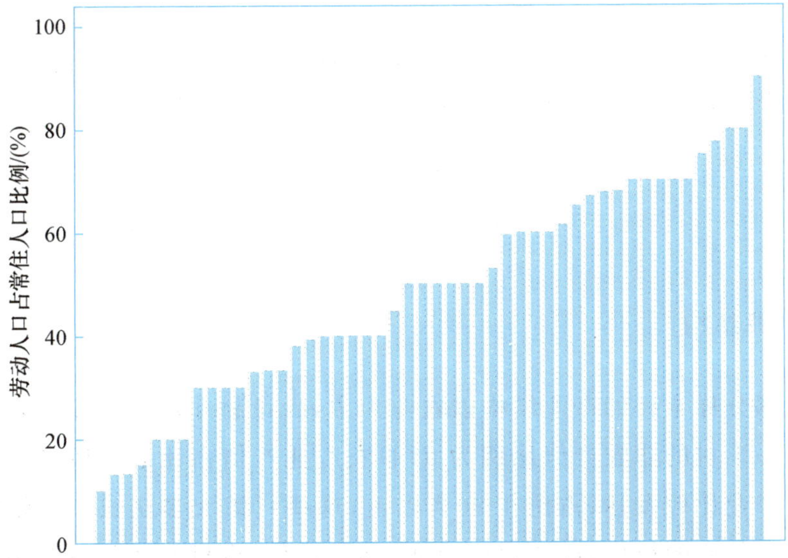

图 4-29　样本村劳动人口占常住人口比例

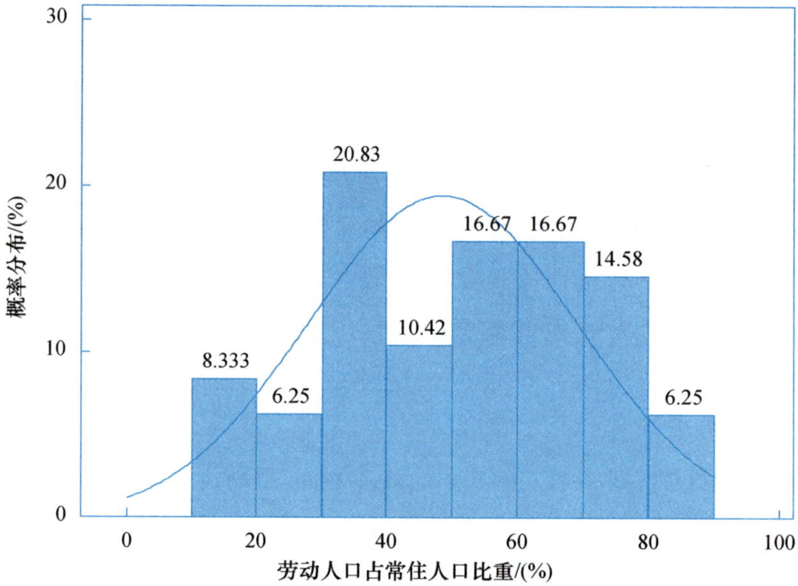

图 4-30 样本村劳动人口占常住人口比例的概率分布

表 4-5 样本村人口结构指标的统计量

变量	样本数	均值	标准差	标准差/均值	最小值	最大值
迁入率/(%)	48	0.07	0.15	2.14	0	0.56
迁出率/(%)	48	0.24	0.17	0.71	0	0.56
劳动力/常住人口	48	48.49	20.54	0.42	10	90
非农劳动力/总劳动力	48	37.92	32.48	0.86	0	100

四、农村经济结构特征

(一) 产业结构

大部分样本村的产业结构以农业为主，少量村非农产业比例较高。样本村中一半村的非农产值比例为0，非农产业产值占比总体较低。少量村的非农产业比较发达，占比在80%以上，这些村镇大多是长三角地区村镇企业发展较好的村庄，或者是作为地区面向周边乡村服务的乡集镇等商业中心。从分布频率看，有59.09%的村非农产业比例在10%以内，有70%

左右的村镇非农产业在50%以内，剩余的30%的非农产业比例较高的村镇大多集中在非农产值比例在80%以上的区间内，非农产值比例两极分化严重，样本内方差较大（图4-31，图4-32）。

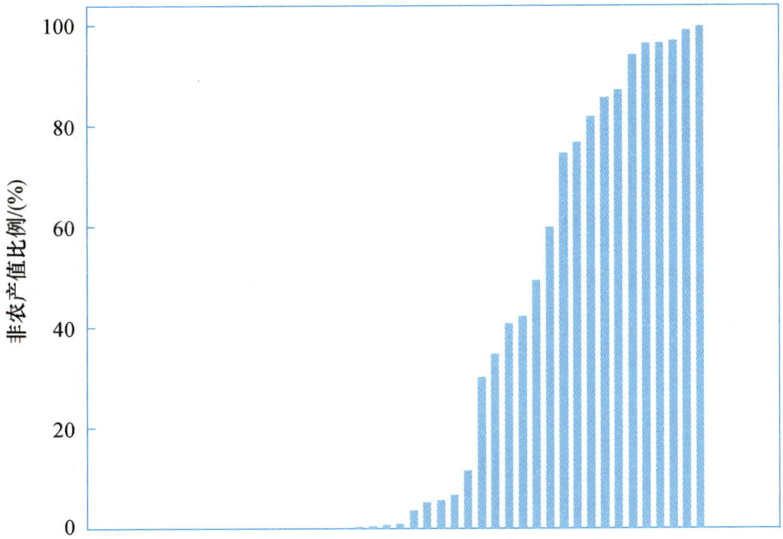

图 4-31　样本村非农产值占总产值比例

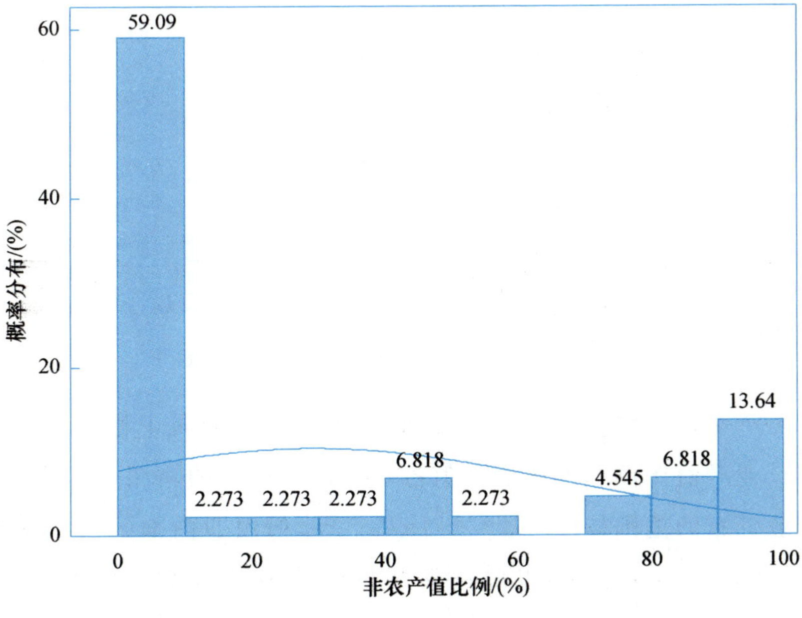

图 4-32　样本村非农产值占总产值比例的概率分布

（二）农业内部结构

进一步观察样本村农业的内部结构可以发现，绝大部分村镇以种植业为主，与我国作为种植业大国的总体情况相符。将各村镇的种植业比例从小到大排列并画柱状图，发现基本上所有的村镇种植业产值比例都在 80%以上，仅个别村种植业产值比例在 50%以下，这些村镇往往位于山区或水网地区，以养殖为主。从分布频率看，64.44%的村镇种植业比例在 90%以上，表明种植产业仍是我国农业中的主导产业，因此村与村的农业结构差距不大，方差较小（图 4-33，图 4-34）。

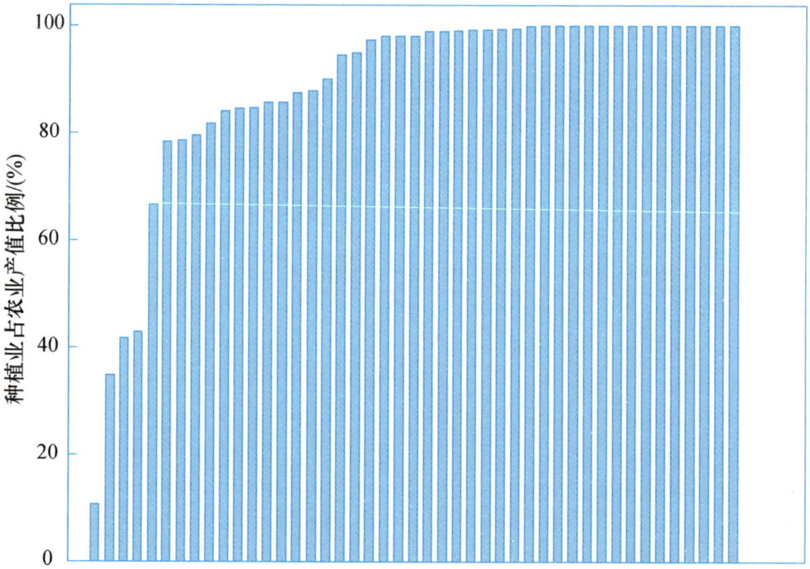

图 4-33 样本村种植业产值占农业产值比例

主导产业在各村镇差别较大，但农业内部各村趋向于相近。进一步比较非农产业产值比例和种植业产值占农业产值比例的箱图（图 4-35），发现非农产业分布的范围较广，从 0 至 70%不等，但农业内部的产业结构却相近，集中在 80%以上，基本以种植业为主，因此两者在方差上相差较大，非农产值比例方差较大，而种植业占农业产值比例方差较小，反映了我国在

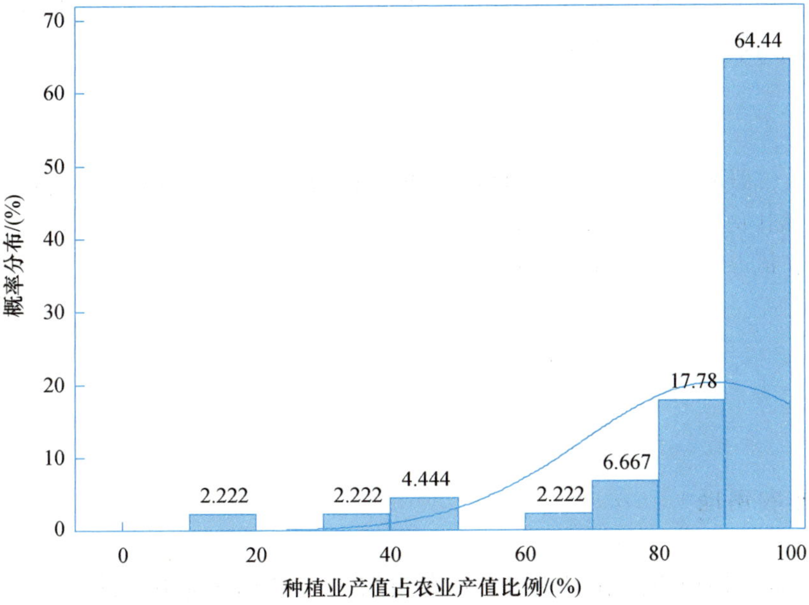

图 4-34　样本村种植业产值占农业产值的概率分布

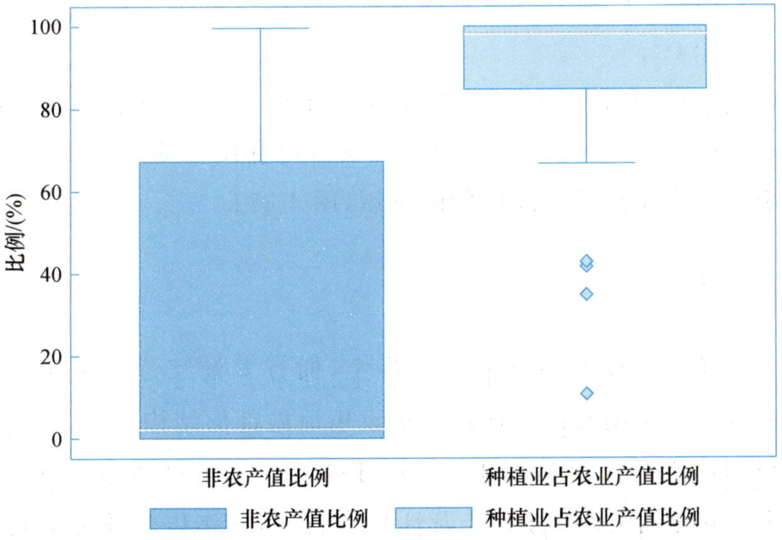

图 4-35　样本村经济结构指标内部箱线图

城镇化进程下各村经济发展的差异性，以及受我国传统、地形地貌深刻影响的农业内部结构的相似性（表 4-6）。

表 4-6 样本村经济结构指标的统计量

变量	样本村数	均值	标准差	标准差/均值	最小值	最大值
非农产值比例	44	0.29	0.39	1.34	0	1
种植业产值占农业产值比例	45	0.88	0.2	0.23	0.11	1

五、用地结构特征

（一）非农用地

大部分村镇以农用地为主，非农用地在可利用土地中的比例一般都比较低。全部样本村中，除两个村非农用地比例较高外，其余村镇非农用地比例都在 30％以内，并且大部分集中在 20％以内（图 4-36），除了宅基地和道路、学校等公共建设用地外，大部分村镇经营性建设用地较少，因此非农用地面积较小。

从比例上看，有超过 76％的村镇非农用地占可利用土地比例在 20％以下，仅有 4％左右的村镇非农用地比例占可利用土地比例在 40％以上，缺乏非农用地占比位于中间比例的村镇（图 4-37）。

（二）建设用地

样本村建设用地大多以宅基地为主，拥有大量经营性用地的村镇较少。宅基地占建设用地比例反映了建设用地内部的结构，大部分村镇宅基地占建设用地比例在 60％以上，考虑到剩余的 40％里面存在道路、小学、广场等公共用地，因此各村的经营性用地较少，基本以生活性的建设用地为主。

但也存在个别村镇宅基地占建设用地比例较低，基本在 30％以下。一

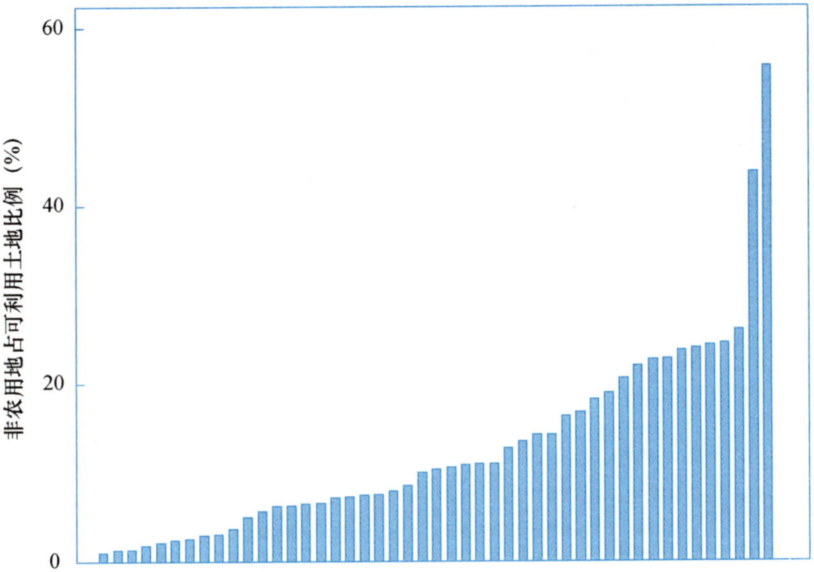

图 4-36　样本村非农用地占可利用土地比例

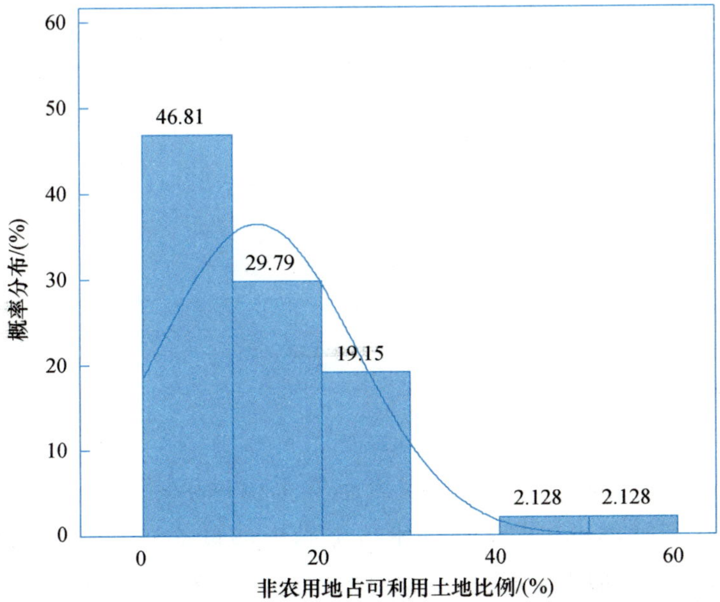

图 4-37　样本村非农用地占可利用土地的概率分布

方面，这些村非农产业发展较好，占用了较多的建设用地；另一方面，由于这部分村对农业依赖度低、生产生活方式更具有城镇型特征，宅基地的生产性服务功能下降，庭院经济特征减弱，使宅基地面积减小成为可能。从分布频率看，有50%以上的村宅基地占建设用地比例在80%以上，仅有10%左右的村镇宅基地占建设用地比例在40%以下，宅基地占建设用地比例在各村分布较为接近，方差较小，反映出我国村镇在村镇建设用地方面存在很大的一致性（图4-38，图4-39）。

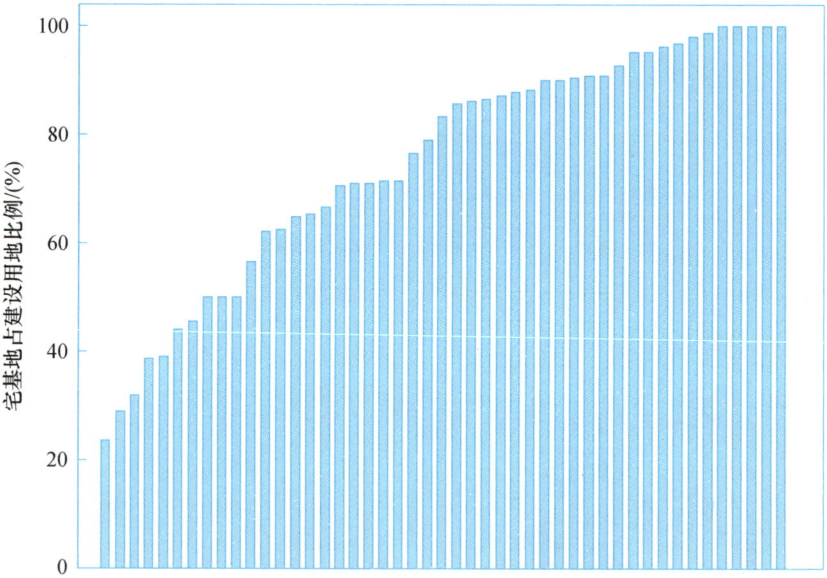

图4-38 样本村宅基地占建设用地比例

（三）农用地

由于农村以农业为主，且以种植业为主，所以这里通过考察农业用地中耕地占比和林地占比两个指标来讨论农用地特征。从样本村情况看，耕地占农地的比例差别不大，近六成的村镇耕地占农地比例在70%以上，剩余40%的村镇耕地占农地比例在60%以下，两个组别的差距较大，组内各村比例相互接近，整体来说方差较小。在概率分布上，有近55%的村耕地

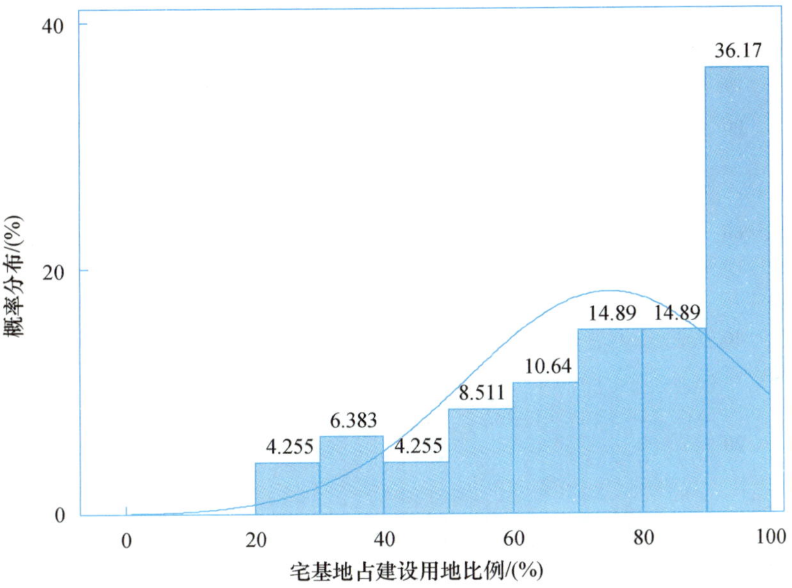

图 4-39 样本村宅基地占建设用地比例的概率分布

占农地的比例在 80%以上,样本村镇主要是以种植粮食作物等为主,占比在 90%~100%的村较为集中,其余几个范围分布较为均衡,均在 10%上下,相差不大(图 4-40,图 4-41)。

样本村林地占农地比例可以衡量一个样本村种植业内部林木、果树等的用地情况。样本村林地占农地比例差别较大,近半的村镇林地占农地比例在 10%以下,大部分村镇依旧以耕地为主,但也存在林地占农地比例高于 60%的村镇,这些村镇往往处于山地地区,以林木和果树为主,并伴有较高的种植业收益。在概率分布上,有约 60%的村镇林地占农地比例在 20%以下,剩余村镇的林地占农地比例则较为均匀地分布在 20%~80%区间,林地占农地比例的方差较大,各村镇在林木、果树等的种植上差距较大(图 4-42,图 4-43)。

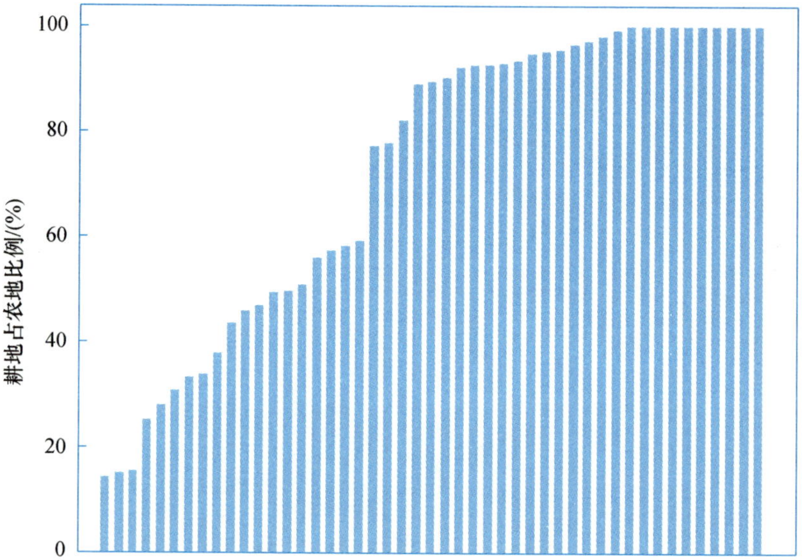

图 4-40 样本村耕地占农地比例

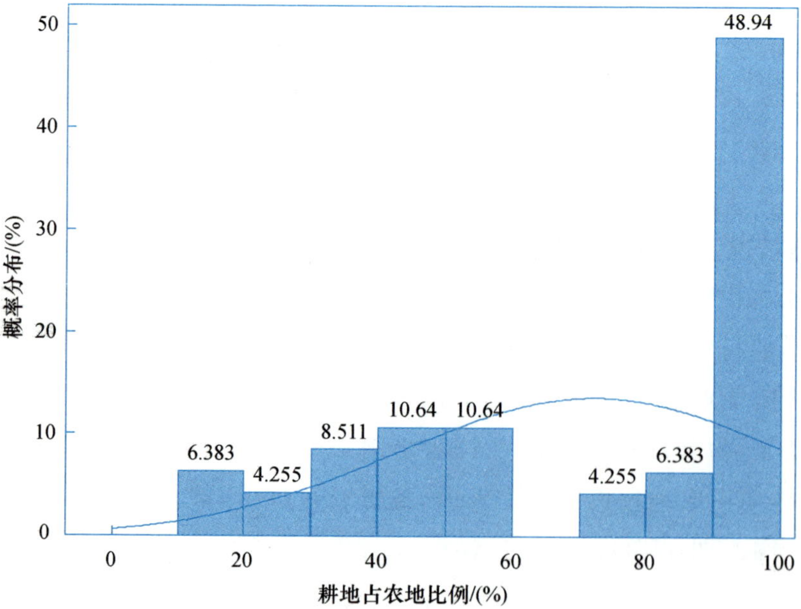

图 4-41 样本村耕地占农地比例的概率分布

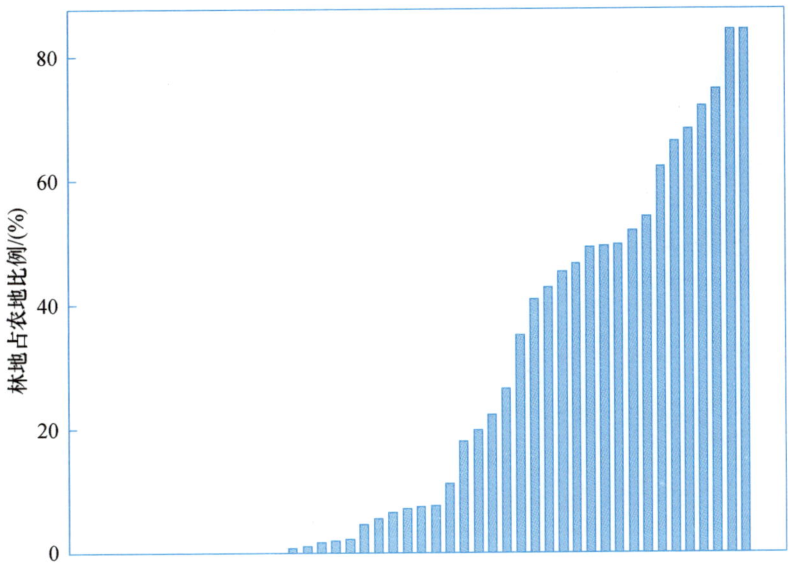

图 4-42　样本村林地占农地比例

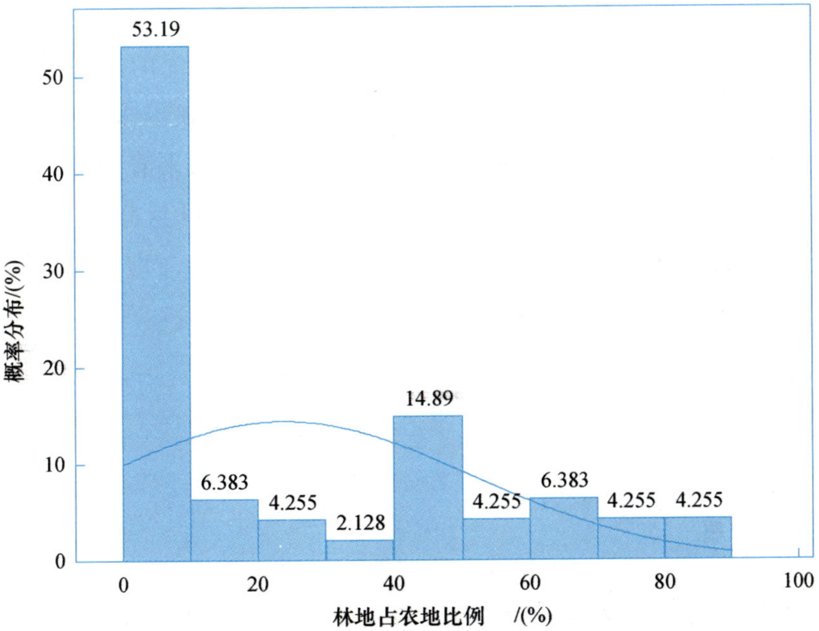

图 4-43　样本村林地占农地比例的概率分布

第五章

中国村庄的类型模式

分类是人们经常采用的用以认识复杂事物的有效方法。作为承载乡村地区人类经济社会活动的地域空间实体，村镇聚落是乡村居民生产生活活动在空间上的投影，有受经济社会活动内在规律支配的共性特征，也有受技术水平、生产方式、地理条件、发展理念和传统习惯等多元要素影响下而形成的差异性特点。从不同视角和不同的研究目的来看，乡村地区的村镇聚落有不同的发展模式、功能表现和空间特点，可以划分为不同的类型体系。本书旨在从乡村宜居性的视角来考虑村落特征，因此以乡村宜居性讨论作为分类考察的主要目的和思路。

一、研究背景与基本思路

（一）研究背景

作为幅员辽阔的农业大国，中国的经济社会发展表现出巨大的区域差异性，这是政策制定者、执行者和研究者都难以回避的话题，对地区差异的客观认知和科学对待也因此成为政策有效性的重要前提（方彭，2006）。迥异的本底条件和区位特点决定了城乡发展模式和水平因地而异。相较于城市，乡村与自然地理条件和地方传统要素的关联更为紧密，多样性在村镇聚落单元上体现得尤为明显。因此，在认识理解、分析研判和规划引导村镇发展的过程中，应该对乡村发展的差异性予以高度重视。

在人口从乡村向城镇流动推动的快速城镇化背景下，一方面农村人口持续减少导致很多村庄规模减小，另一方面由于青壮年劳动力长期外出务工导致“空心村”现象日趋普遍和严重。从现阶段农村的情况来看，很多农村的劳动力外出务工家庭的留守人员和尚未外出的务农家庭尚未享受到便利的基础设施和公共服务。在接下来的发展中，由于乡村人口的持续大幅度减少，并且会随着城镇化水平的进一步提高而继续减少，在一定时期内，村镇格局的重构是难以逆转的趋势。在村镇格局优化过程中，很多村庄可能面临着复兴、重组或消亡的抉择。同时，外出务工大幅提高了农户的收入水平，农业产业化、农村工业化的推进也为当地村民提供了诸多的增收机会。农村家庭收入提高后，对于人居环境的要求也在不断提高。近年来国家对农村发展的日益重视，对村镇规划建设、农村建设和农村危旧房改造、农村基础设施建设支持力度不断加大。国家和地方政府对农村基础性、保障性基础设施和服务设施建设的投入，为保障农村生产生活基本需求和改善农村环境起到了积极作用。随着农村格局的优化和农村居民对人居环境质量要求的提高，进一步的村镇规划建设需要充分尊重和体现村镇发展的差异性和宜居环境质量提升路径的差异性，才能使村镇设施配置更贴近需求、规划建设实施更有效、各项投资更高效。为此，乡村发展和建设措施的制定和执行，要充分尊重各地区村镇在发展条件、模式和水平上的差异，因地制宜、有针对性地分类实施。而科学、有效、可操作的村镇分类方法则可以为科学决策提供支撑。

村镇规划建设分类指导的必要性和重要性已是学界和有关部门的共识。然而，相关研究长期受到数据可得性的严重制约。受基础数据资料的约束，现有村镇分类方面的研究大多针对村庄发展的某一个维度，以村庄指导特定要素配置和某个方面的发展建设。如乡村景观（李振鹏，刘黎明 等，2005）、土地利用（朱晓华，丁晶晶 等，2010；赵紫阳，蔡玉梅 等，2011）、产业布局(刘涛,曹广忠 等,2010;郜晓雯,曹广忠 等,2011)、村镇建筑(刘虹,徐宗威 等,2011)等方面都受到了不同程度的关注。类似地,即使以指导村镇整体规划建设为目标的研究,也多采用行政职能(张忠法,2007)、经济规模(陈彰嘉,1989)、地形地貌(倪仁芳,2006)等单一要素对村镇类型进行定量划分。不可否认的是,村镇发展是一个多维度的过程,无法用单一指标来表征,也无法通过将单指标表征结果简单组合来衡量。影响村镇发展建设的自然、经济、社会因素之间存在着复杂的相互关系及交互作用,村镇规划建设是一项多目标的系统工程,涉及村镇发展的方方面面。因此,科学、系统、综合、可测度的多维指标体系是村庄分类的基础。但是,另一个不可忽视的问题是,过多的指标、复杂的方法会严重降低村镇分类的可操作性,不利于方案推广和结果比较。并且,指标过于复杂必然涉及数据获取技术要求高的问题,已有研究在数据获取方面遇到的困难也是不容忽视的教训。如何解决这组矛盾,在保证科学性的前提下,用最简洁、最易得的指标,尽可能多地体现村镇发展的典型特征、识别村镇之间的差异性、明确区分各种村镇类型,正是本章研究的出发点,也是需要解决的技术问题。

此外,已有研究多关注较为均质的特定空间范围(洪亘伟,刘志强,2009;龙花楼,刘彦随 等,2009)或特定类型的村镇分类(张弓,霍晓卫 等,2010);对全国尺度上村镇分类的探讨则大多停留在粗略的定性分类阶段(张忠法,2007),缺乏在全国村镇较为多样化背景下相对普遍适用的定量分类研究。这些研究成果从不同视角做了有益探索,为进一步探索有可比性和推广价值的方法、做出可以分类支持村镇建设和综合实践的村镇规划方案,奠定了良好基础。

(二) 基本思路

基于上述认识,本书从总体和结构两方面建立村庄类型指标体系。村庄类型指标体系包括自然禀赋、区位条件、村庄规模、形态结构、人口结构、经济结构和用地结构 7 个维度。在对 7 个维度的指标进行代表性和相关性分析的基础上,进而构建指标体系简化的思路和方法。然后以全国 7 省 12 县 48 个村为案例,验证指标体系和分类方法的有效性,并对各类村庄的典型特点进行识别说明，为相关实证研究和决策实践提供参考。

对村庄进行分类的主要思路包括以下几个步骤（图 5-1）：

（1）确定指标体系。通过分析现有的村镇资料和村镇发展理论，构建在城镇化背景下适宜村庄规划与村庄建设的分类框架与分类指标。

（2）确定分类结果。通过标准化的指标变量对 48 个样本进行 Q 型聚类，并根据聚类树状图判定类别。

（3）建立特征指标体系。利用 KW 检验和主成分分析法进行特征指标变量的筛选与剔除，并根据提取的正交的特征指标以及理论体系框架，确定特征指标体系。

（4）确定分类阈值。根据正交的特征指标和类别的划分，确定各类别的特征指标阈值。

（5）确定村庄类别及特征。根据特征指标的分布，描述各类村庄的特点，并综合各特点为村庄类别命名。

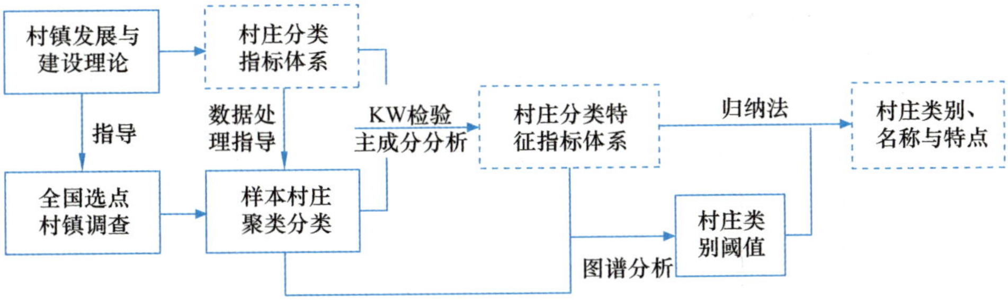

图 5-1　村庄分类思路

二、村庄分类的指标体系①

构建村庄分类指标体系是对上述基本思路的具体化，也是开展分类的技术基础和影响分类结果的关键环节。为此，本书在相关研究基础上，在

① 本小节内容部分已发表在《人文地理》期刊（史秋洁，刘涛，曹广忠，2017）。

宜居性村镇规划建设需要的目标导向下，尊重村镇发展的复杂多样性并兼顾分类技术上的可行性，构建指标体系。

（一）指标体系构建的基本原则

为克服村镇规划建设过程中现有技术文件和措施对不同类型村镇针对性不强的问题，综合考虑各类型村镇在发展定位、产业体系、功能布局、基础设施建设、公共服务配置等方面的不同需求，村庄分类指标体系的设计主要面向村镇社区的规划与建设，以期实现为因地制宜、分类指导宜居社区规划建设提供支持。指标体系的服务对象是各级村镇规划建设主管部门、村镇规划设计工作者和村镇发展研究者，适用范围是全国、省区及市县等多个空间尺度。因此，指标体系的设计要综合考虑村镇发展规律、现阶段发展特征和趋势、分类指导的现实需求。

村庄分类指标体系的构建遵循以下原则：

1. 目标导向原则

分类体系设计与表征指标选取必须以村镇规划建设目的为出发点，以村镇建设需求为导向，避免面面俱到的指标设计误区，尽量排除无关或弱相关指标的干扰。

2. 有机综合原则

村镇规划和建设是一项系统工程，涉及村镇发展的诸多方面，这种多元性决定了村镇分类应综合考虑自然、人口、经济、土地等多个维度，综合性是分类科学性的基本要求；多维指标并非独立存在，而是从不同侧面反映村镇发展的主要特征和内在机制，故而指标体系应形成有机整体，能层次分明地全面反映和识别村镇发展的核心特征。

3. 简明可操作原则

为保证指标体系的可推广性和分类结果的可比性，指标设置应简明易识别，且有较好的数据资料可获得性。具体而言，应尽量排除三类指标：村镇间同质性强、识别性弱的指标；信息重叠、相关性过强的指标；可得性差、难以测量的指标。最终获取具有强识别性、弱相关性、普遍可获得性的简明可操作的指标体系。

4. 适度弹性原则

简明可操作的指标体系可以用于各种空间范围和尺度上，兼顾结果的科学性和可比性。但具体应用时，在特定地区可能并不需要所有的指标即可识别和划分地区内的所有村镇，因此可根据地方村镇发展和布局特点，建立地方性的村镇类型划分标准。

(二) 基础指标体系

村镇特性可以从禀赋条件和发展水平的总体特征以及各种功能和要素的结构特征两个角度进行识别和阐释。具体而言，前者可以从自然禀赋、区位条件和村庄规模 3 个维度进行考察；后者则重点考察空间形态、人口、经济和用地 4 个维度的结构特征。根据这一原则，参考已有的理论和实证研究，选取两类 7 个维度的指标构建村庄分类的基础指标体系。

1. 总体属性类指标

(1) 自然禀赋

自然禀赋是村镇发展的本底和基础，从禀赋潜力和禀赋条件两个角度进行分析。其中禀赋潜力体现自然条件对村镇建设的刚性约束，反映村镇建设的空间潜力，禀赋条件则衡量自然要素为当前发展提供的现状基础。

(2) 区位条件

根据农业区位论，区位条件，特别是与中心城市或城镇的距离，决定了村镇的生产方式：离城镇越近意味着受城镇影响越大，越有可能被纳入城镇影响区，经济社会活动受城镇影响越强，从而改变其经济结构或用地布局。因此区位条件是村庄生产生活方式受城市影响程度的体现，也是村镇发展潜力和方向的决定性因素，对村镇规划建设有显著影响。本书使用宏观和微观区位两个指标进行表征。

（3）村庄规模

村庄规模是长期发展的结果，很大程度上也反映了村庄在村镇体系中的区域地位，是发展状况的综合反映。村庄规模与公共设施的配置需求密切相关。在城镇化快速推进、乡村人口持续迁出、村镇体系面临重组的背景下，村庄规模也在很大程度上决定了村镇的兴衰存废等不同的发展趋势和前景。同时，村庄规模也是县域单元中建制镇—集镇—行政村这个村镇居民点等级体系的重要标志，因此对村镇的规划建设具有至关重要的影响。本研究中，村庄规模从人口、经济和用地三个角度来表征。

2. 结构属性类指标

（1）形态结构

形态结构反映了村镇内部的空间组织形式。村镇内部分布的集中与分散会影响村镇规划布局的基本方式及设施的分布模式。形态结构既包括各自然村在规模上的集中程度，也包括其在空间上围绕村镇中心的集聚程度。用集中度来衡量各自然村在规模大小上的差异（张正峰，赵伟，2007）；用离心度来衡量各自然村在空间上与村镇中心的关系。

（2）人口结构

人口结构反映了城镇化背景下的村镇人口流动和劳动力分配状况。大量人口的乡村—城镇迁移和流动，改变了农村内部的人口和劳动力结构，对村镇的发展将产生较长时期的持续影响，是村镇规划建设不可忽略的因素。因此采用人口迁移表征人口在城乡间的流动和再分布特征及趋势，用劳动力分布表征流动后村镇内部的劳动力分配结构。

（3）经济结构

经济结构是村镇职能的主要体现，是村镇发展趋势和能力的体现，也是确定村镇规划建设方向的重要依据。农村的工业化和城镇化是中国农村经济社会发展中的重要议题（樊杰，1996），因此用产业结构来衡量村镇内部经济非农化水平。此外，鉴于我国乡村地区虽以农业为主，但内部结构多样，因此采用农业结构衡量农业内部的差异性。

（4）用地结构

用地结构在物质实体上反映了村镇职能。村镇用地主要分为建设用地和农用地两部分，两者之间及各自内部的结构关系决定了村镇规划和建设的实体基础。首先用建设用地结构表征两者的关系和建设用地内部的结构，其次用农用地结构表征其内部的结构。

表 5-1　村庄分类基础指标体系

一级指标	二级指标	三级指标	指标名称
总体	自然禀赋	禀赋潜力	平原占村域面积比例
			不可利用地占村域面积比例
		禀赋条件	人均耕地面积
	区位条件	宏观区位	到最近县中心距离
		微观区位	到最近镇中心距离
	村庄规模	人口规模	户籍人口总数
			常住人口总数
		经济规模	经济总量
			农民人均纯收入
		用地规模	村域用地总面积
			人均宅基地面积
结构	形态结构	规模集中程度	农村居民点集中度*
		空间集聚程度	农村居民点离心度**
	人口结构	人口迁移	迁入率
			迁出率
		劳动力分布	劳动力占常住人口比例
			非农劳动力占劳动力比例
	经济结构	产业结构	非农业产值占总产值比例
		农业结构	种植业产值占农业产值比例
	用地结构	建设用地结构	非农用地占可利用土地比例
			宅基地占建设用地比例
		农用地结构	耕地占农用地比例
			林地占农用地比例

注：* 计算公式：$C_i = \dfrac{\sum\limits_j \sum\limits_k |F_{ij} - F_{ik}|}{ZS_i(N_i - 1)}(N > 1)$，其中：$C_i$—居民点集中度（若 $C_i > 1$ 则取 1）；F_{ij}—i 村中 j 自然村的常住人口数；S_i—i 村常住人口总数；N_i—i 村的自然村个数。

** 计算公式：$E_i = \dfrac{\sum\limits_j d_{ij}/N_i}{\max(d_i)}$，其中：$E_i$—$i$ 村的离心度；d_{ij}—i 村中 j 自然村的几何中心到村委会的距离；d_i—i 村村委会到村边界的距离。

(三)指标精简

上述村镇分类的基础指标体系结构完整且各项指标可度量,因此能够保证科学性和较广的适用范围,可用来对不同空间尺度下的村镇进行较为科学的类别划分。然而,这些指标虽然在逻辑上具有有机综合性,但在测算的实际操作中可能存在三个问题:一是有些指标的取值可能对绝大多数村镇都没有显著差异,因此提供的信息有限、缺乏识别性;二是有些指标之间存在严重的信息重叠,在数值上的反映则是比较严重的共线性问题,不仅会造成信息冗余,而且可能损害有些分类方法结果的有效性;三是有些地区村镇数量和类型有限,可能仅需有限的几个指标即可有效地识别出各种村镇类型。

为解决这些问题,我们设计了一套指标缩减方法,在保证科学性的基础上,获取更加简明、易行和可推广的村镇分类指标体系。具体思路、方法和过程如下:

1. 村庄类型识别

基于上述系统综合的基础指标体系,利用系统聚类的方法,采用标准化的分类指标变量,对村庄类型进行识别和划分。由于数据基础是表征村镇发展多个维度的有机综合的指标变量,这种划分结果的科学性得到了较好的保证,也可作为精简指标有效性的检验标准。

2. 指标精简内容

由于基础指标体系较为庞杂,既可能存在缺乏村庄类型识别度的指标,指标之间也可能存在严重的共线性问题。因此利用两种方法分别解决这两个问题。首先利用假设检验剔除没有识别度的指标,提取包含信息量较大的特征指标;其次采用主成分分析法弱化特征指标之间的共线性问题,提取共线性较弱的指标,用最少的指标体现足够的信息量。最终建立能够较全面、有针对性地识别与描述村镇发展情况和规划建设需求的特征指标体系。

3．有效性检验

根据前面两个步骤所得到的村镇类别和特征指标，通过图谱分析确定各类村镇的阈值范围，据此判别各样本的类型归属。通过两种方法对判别结果进行有效性检验：一方面，将判别结果与初始聚类结果进行比较，定量检验精简指标体系的有效性；另一方面，通过对判别结果的各类村镇主要特征的描述和比较，定性、直观地展示各类村镇间差异特征的合理性及相应规划方向和建设重点。

三、村庄分类结果

以 48 个样本村为研究对象，进行实证研究。综合使用系统聚类、KW 检验、主成分分析及图谱分析等方法提取能够代表村镇特点的特征指标，对 48 个样本村进行分类，并定量和定性地检验特征指标的有效性，以便精简的特征指标体系有更广泛的推广应用价值和可行性。

（一）样本分布与基本情况

本节实证研究采用 2014—2015 年由北京大学村镇宜居社区评价与规划研究课题组实地调查获得的分布于 7 省 12 县的 48 个村的村级问卷数据。按照分层抽样兼顾空间代表性的抽样方法，选取了江苏省、山东省、河北省、湖南省、河南省、陕西省和云南省等 7 个省份。按各省的村镇总体特点在省内抽取 1～3 个具有代表性的县[①]，共确定 12 个样本县；各县内按经济发展水平的高低分组随机抽取两个镇，镇内按农民人均纯收入的高低分组随机抽取两个村，共确定 24 个乡镇的 48 个样本村（表 5-2）。通过对村干部的问卷调查，共收集了 48 个村镇 2013 年年底包括区位、土地、人口、经济、基础设施、公共服务、村庄环境和村庄管理的有效信息。

① 河南、河北及山东由于相隔较近且均位于华北平原，因此各省仅抽取 1 个县；云南省由于地域差异较大，抽取 3 个县；其余省选取 2 个县。

表 5-2　样本村在全国分布情况

	省	县(市)	乡、镇(街道)	村
分布	江苏	常熟市	海虞镇 尚湖镇	肖桥村 汪桥村 吉桥村 东桥村
		兴化市	沈伦镇 西郊镇	沈北村 安塘村 徐圩村 马港村
	山东	高唐县	尹集镇 琉璃寺镇	王庄村 陈堤子村 前杨村 北辛村
	河北	大名县	万堤镇 杨桥镇	前屯村 孙村 程子村 前齐庄村
	湖南	长沙县	春华镇 暮云街道	花园新村 九木村 许兴村 莲华村
		双峰县	三塘铺镇 井字镇	东方村 马蹄井村 石求村 花山村
	河南	淅川县	九重镇 西簧乡	花栎扒村 高家村 河北营村 七棵树村
	陕西	汉阴县	涧池镇 漩涡镇	民主村 五坪村 姚家河村 茨沟村
		富平县	齐村镇 刘集镇	董南村 石科村 曹管村 永合村
	云南	蒙自市	草坝镇 芷村镇	碧色寨 建设村 芷村 黑拉冲村
		通海县	杨广镇 四街镇	古城村 云龙村 龚杨村 六街村
		大理市	喜洲镇 银桥镇	周城村 桃源村 阳波村 双阳村
数量	7	12	24	48

调查结果显示，样本村的基本要素指标值具有较强的代表性。从地形地貌看，超过半数以上(56.3%)的样本村为平原村，仅 22.9%的样本村为纯山地村。从区位特点看，距离最近乡镇中心的距离分布比较均衡，大部分样本村(77.2%)基本在 6 km 以内。从人口规模看，中等偏小的样本村居多，常住人口在 2000 人以下的村镇占 62.5%，并且多数村常住人口少于户籍人口的特征与外出务工人口较多的总体背景相吻合。从经济总量看，样本村产值集中在 500 万元以下(38.6%)和 10 000 万元以上(22.7%)，两极分化较为明显；而近半数(45.8%)样本村的人均纯收入集中在 5000～10 000 元，与全国平均水平(8896 元)相吻合；但人均纯收入超过 2 万元或低于 5000 元的村镇也普遍存在，反映了村镇产业发展的巨大差异。样本村的土地总面积分布相对均衡，也进一步验证了村镇样本的代表性(表 5-3)。

表 5-3 样本村镇基本情况

变量	村镇数量	比例/(%)	变量	村镇数量	比例/(%)
平原占村域面积比例/(%)			经济总量/万元		
0	11	22.9	0～500	17	38.6
0～50	6	12.5	500～1500	6	13.6
50～100	4	8.3	1500～3500	7	15.9
100	27	56.3	3500～10 000	4	9.1
到最近镇中心距离/km			>10 000	10	22.7
0～2	13	27.1	农民人均纯收入/元		
2～4	15	31.3	0～5000	11	22.9
4～6	9	18.8	5000～10 000	22	45.8
>6	11	22.9	10 000～20 000	9	18.8
常住人口总数/人			>20 000	6	12.5
0～1000	17	35.4	村域用地总面积/亩		
1000～2000	13	27.1	0～2000	10	21.3
2000～4000	10	20.8	2000～4000	16	34.0
>4000	8	16.7	4000～6000	9	19.1
			>6000	12	25.5

(二) 村庄类型初步判断

根据村庄分类基础指标体系，用 Stata 软件对 48 个样本村进行聚类分析，采用平均距离(average linkage)，以夹角(angle)余弦作为样本距离的测度，分别以－0.0625 和 0.0875 的特征距离为界，可以将 48 个样本村划分为 2 大类，6 小类，类别内的同质性和类别间的差异性都比较明显，分类结果较为理想，为提取并检验精简的特征指标提供了依据(图 5-2)。

(三) 村庄类型特征指标提取

由于村庄分类指标体系较为庞杂，且存在一定程度的共线性问题，因此首先根据系统聚类结果对各指标进行 KW 检验，以判断各指标是否会产生类别间的同均值问题。当同均值出现的概率在 0.01 以下时，则认为该

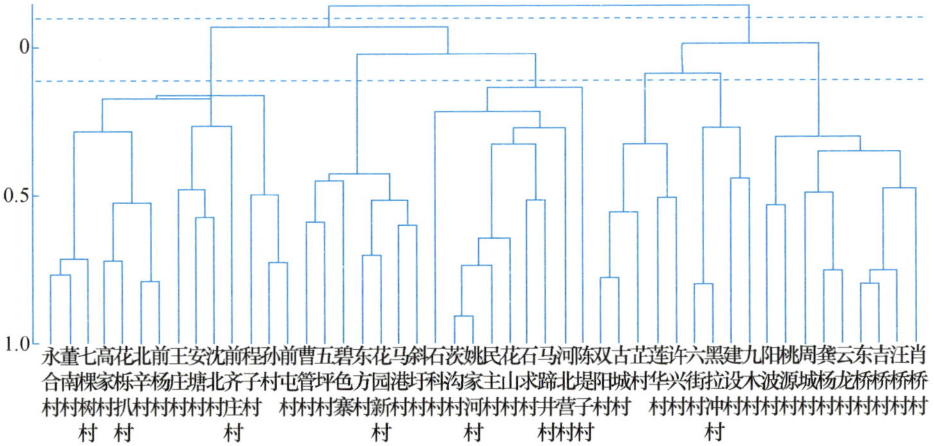

图 5-2 48 个样本村分层聚类结果

指标对样本村分类有较大影响，应被归入特征指标体系。经过 KW 检验后有 12 个指标被纳入特征指标体系。

进一步，为消除特征指标之间的共线性问题，采用 SPSS，利用相关性矩阵和主成分分析方法，对提取出的特征指标进行因子降维，并筛选出能独立代表村镇某一特征的指标，从而较为简洁全面地反映各类村镇的特点。由于第一步 KW 检验已剔除了大量基础指标，因此在提取主成分时采取较为保守的方式，即提取主成分至能保留 95%以上的指标信息，并在每个主成分中至少提取一个具有显著影响的特征指标。通过以上剔除和提取步骤，最终保留了 8 个能独立代表村镇某一方面的特征指标，这些指标虽不像它们代表的主成分一样完全正交，但相互之间相关性最小。据此构建出村庄分类的特征指标体系（表 5-4）。

（四）村庄类型的判别与特征

上述 8 个特征指标可作为任何地区村镇分类的基础指标，但在本研究中，只需 5 个指标便可将 48 个样本村近乎完美地归为 6 个类别（图 5-3）。根据聚类分析结果，确定各指标的优先顺序和阈值范围；理论上，可根据这 5 个指标将其他任意村归入 6 类中的某一类。

表 5-4 样本村基础分类指标的 KW 检验及特征指标体系

一级指标	二级指标	三级指标	指标名称	卡方（Chi-squared）	概率（propability）	是否特征指标	是否正交特征指标
总体	自然禀赋	禀赋潜力	平原占村域面积比例	24.50	0.0002	√	√
			不可利用地占村域面积比例	7.80	0.1674		
		禀赋条件	人均耕地面积	12.39	0.0298		
	区位条件	宏观区位	到最近县中心距离	5.43	0.3658		
		微观区位	到最近镇中心距离	16.06	0.0067	√	√
	村庄规模	人口规模	户籍人口总数	26.87	0.0001	√	
			常住人口总数	31.08	0.0001	√	√
		经济规模	经济总量	28.97	0.0001	√	
			农民人均纯收入	11.72	0.0388		
		用地规模	村域用地总面积	14.60	0.0122		
			人均宅基地面积	15.34	0.0100		
结构	形态结构	规模集中程度	农村居民点集中度	—	—		
		空间集聚程度	农村居民点离心度	—	—		
	人口结构	人口迁移	迁入率	22.24	0.0005	√	
			迁出率	18.94	0.0020	√	√
		劳动力分布	劳动力占常住人口比例	27.84	0.0001	√	√
			非农劳动力占劳动力比例	14.43	0.0132		
	经济结构	产业结构	非农产值占总产值比例	23.44	0.0003	√	√
		农业结构	种植业产值占农业产值比例	20.77	0.0009	√	√
	用地结构	建设用地结构	非农用地占可利用土地比例	14.35	0.0135		
			宅基地占建设用地比例	5.70	0.3368		
		农用地结构	耕地占农用地比例	24.44	0.0002	√	
			林地占农用地比例	29.45	0.0001	√	√

判定方法如下：首先考察系统聚类结果的两类村庄在 8 个特征指标上的分布情况，发现二者在人口规模指标上的分异极其明显，而在其他指标上的差异并不显著，因此使用这一个指标即可将两个大类分开。大类 I 共有村庄 31 个，它们规模普遍较小，常住人口较少，迁出人口较多，留在村内的劳动力偏少（表 5-5）。该类村庄反映了由人口乡城流动推动的快速城镇化所带来的村庄劳动力的流出，是现今城镇化背景下较为常见的村庄类型，具体包括平原传统农业村、山区传统农林村和养殖专业村。大类 II 共有村庄 17 个，它们规模普遍较大，常住人口较多，迁出人口较少，留在村内的劳动力较多（表 5-5）。该类村庄反映出农业产业化和农村工业化提升了部分村庄的经济实力，增强了村庄对人口的吸引力，具体包括远山特色农业村、城郊非农产业村和平原非农产业村。

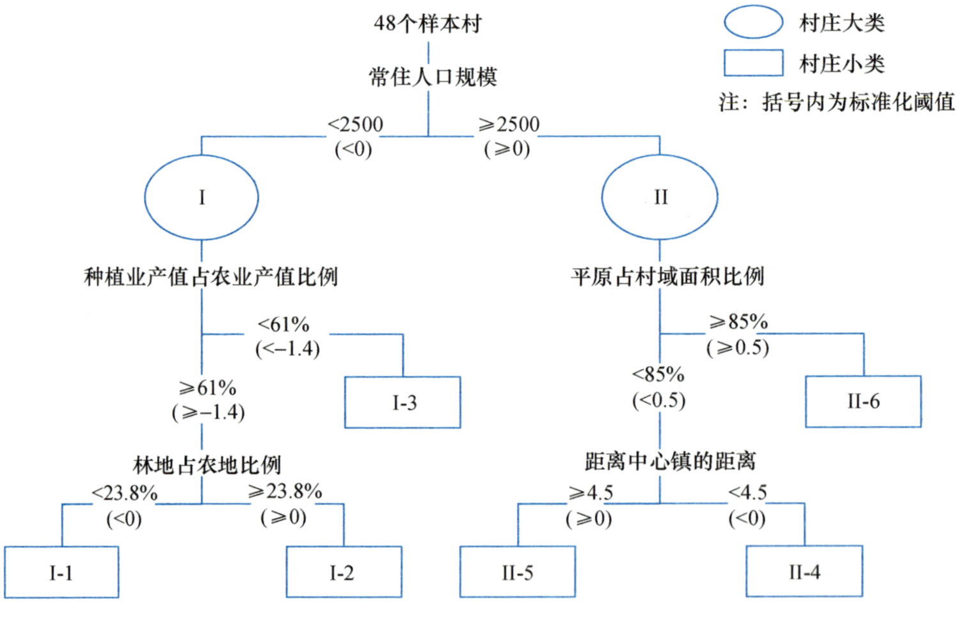

图 5-3 样本村庄分类的阈值判别指标及范围

资料来源：史秋洁等，2017。

其次，对比大类 I 下的三类村庄在 8 个特征指标上的分布情况，发现虽然没有指标能够将三类完全分开，但根据种植业占农业产值比例可将 I-3

类明显区分于 I-1 类和 I-2 类；以此类推，可根据林地占农用地比例将另外两类区分开来。进一步地，使用同样的方法和步骤，利用平原占村域面积比例及到乡镇中心的距离可将大类 II 下的三类村镇区分开。结果发现，上述判别分析的结果与系统聚类的结果基本完全吻合，准确率为 96%，不仅说明提取的特征指标是有效的，也说明系统聚类—特征指标识别—阈值划分—大样本判定的逻辑思路是可行的。

6 类村镇特点各异，特征指标分布范围不同，反映了我国丰富多样的村镇类型。这些村镇在规划和建设过程中的发展方向和实施重点也有所不同，进一步验证了特征指标和分类方法的有效性。具体村庄类型如下：

（1）小村包括平原传统农业村、养殖专业村和山区传统农林村。该大类村庄规模普遍较小，迁出人口较多，因此留在村内的劳动力偏少。其中平原传统农业村平原比例高，基本以种植业中的粮食种植为主，因此耕地比例高，林地比例低。养殖专业村地形复杂多样，平原与山地兼有，种植业占农业产值比例极低。因此在复杂且难以利用的土地条件下，村庄职能分为两种：以农业中的养殖业为主要产业和兼有农业与非农业。山区传统农林村平原比例极低，土地的难以利用使村镇以种植林木、粮食作物为主，因此林地比例高，耕地比例低。小村由于土地、经济结构等的劣势，产值较低，进一步推动人口的外迁和村镇规模的缩小。

（2）大村包括城郊非农产业村、远山特色农业村和平原非农产业村。该大类村镇普遍规模较大，迁出人口较少，留在村内的劳动力较多。其中城郊非农产业村离乡镇中心较近，受城镇影响较大，非农产业发展较好，本地非农化水平较高。远山特色农业村一方面距乡镇中心较远，另一方面农业比例大且林地居多，因此以林木、果树等为主要种植作物，农业产值较高。平原非农产业村由于区域经济或自然环境的优势，吸引了大量外来人口，迁入率高，劳动力丰富，非农产业发展迅速。

表 5-5 样本村分类类型在空间上的分布

	省	县(市)	乡、镇(街道)	村庄及类型
分布	江苏	常熟市	海虞镇 尚湖镇	肖桥村 II-6 汪桥村 II-6 吉桥村 II-6 东桥村 II-6
		兴化市	沈伦镇 西郊镇	沈北村 I-1 安塘村 I-1 徐圩村 I-3 马港村 I-3
	山东	高唐县	尹集镇 琉璃寺镇	王庄村 I-1 陈堤子村 I-2 前杨村 I-1 北辛村 I-1
	河北	大名县	万堤镇 杨桥镇	前屯村 I-1 孙村 I-1 程子村 I-1 前齐庄村 I-1
	湖南	长沙县	春华镇 暮云街道	花园新村 II-5 九木村 I-2 许兴村 II-5 莲华村 II-5
		双峰县	三塘铺镇 井字镇	东方村 I-1 马蹄井村 I-2 石求村 I-2 花山村 I-2
	河南	淅川县	九重镇 西簧乡	花栎扒村 I-1 高家村 I-1 河北营村 I-2 七棵树村 I-1
	陕西	汉阴县	涧池镇 漩涡镇	民主村 I-2 五坪村 I-3 姚家河村 I-2 茨沟村 I-2
		富平县	齐村镇 刘集镇	董南村 I-1 石科村 I-2 曹管村 I-3 永合村 I-1
	云南	蒙自市	草坝镇 芷村镇	碧色寨 I-2 建设村 I-1 芷村 II-5 黑拉冲村 II-4
		通海县	杨广镇 四街镇	古城村 II-5 云龙村 II-6 龚杨村 II-6 六街村 II-4
		大理市	喜洲镇 银桥镇	周城村 II-6 桃源村 II-6 阳波村 II-6 双阳村 II-5
数量	7	12	24	48

四、各类村庄的特点

从指标要素的共性特征和差异化特征来看，两大类村庄中各类型村庄表现出了类间差异性、类内共同性的特征（表 5-6 和表 5-7）。

表 5-6 村庄类型特征及命名(I 类)

类别	个数	共同特征	差异化特征				命名
			自然禀赋	经济结构		用地结构	
			平原占比	非农产值占比	种植业产值占比	林地占比	
I-1	16	常住人口少	极高	极低	极高	极低	平原传统农业村
I-2	11	迁出率高	较低	低	较高	极高	山区传统农林村
I-3	4	劳动力比例低	—	居中	极低	—	养殖专业村

表 5-7 村庄类型特征及命名(II 类)

类别	个数	共同特征	差异化特征					命名
			自然禀赋	区位条件	经济结构		用地结构	
			平原占比	到镇中心距离	非农产值占比	种植业产值占比	林地占比	
II-4	2	常住人口多	极低	远	极低	中等	较高	远山特色农业村
II-5	6	迁出率低	—	近	较高	—	—	城郊非农产业村
II-6	9	劳动力比例高	极高	—	极高	—	极低	平原非农产业村

(一) 平原传统农业村

即分类结果中的 I-1。平原比例极高,非农产值占比极低,基本以种植业中的粮食种植为主,因此耕地比例高,林地比例低,例如位于国家粮食主产区河南淅川的花栎扒村等。该类村庄的规划建设需重点考虑粮食安全等问题,在基础设施上更需与生产相结合。

样本村中有 16 个属于平原传统农业村,占 33.3%,分布范围较广。一方面,该类村镇普遍规模较小,在平均规模以下,迁出人口较多,因此留在村内的劳动力偏少,且大多为老人或妇女;另一方面村镇普遍没有非农产业,基本以种植业中的粮食种植为主,这种经济结构使得村镇总产值较低,进一步推动人口的外迁和村镇规模的缩小。这类村镇在我国分布较广,经常与“空心村”等相联系。如山东省高唐县琉璃寺镇北辛村(图 5-4),位于华北平原,以平原地形地貌为主,村内以产小麦、玉米及棉花为主,所有农户集中在一处居住,人口规模较小,人均宅基地面积较大,人均耕地面积较大,留在村内从事农业的多为 50 岁以上老年人和留守妇女,男性劳动力则多在琉璃寺镇或聊城市打工,村内劳动力偏少。

图 5-4 山东省聊城市高唐县琉璃寺镇北辛村(马嘉文 摄)

(二) 山区传统农林村

即分类结果中的 I-2。山区传统农林村平原比例较低,土地的难以利用使村庄非农产值占比低,以种植林木、粮食作物为主,因此林地比例高,耕地比例低,例如位于秦巴山区的陕西汉阴县涧池镇民主村等。这些村庄的规划建设需重点考虑地形因素所带来的生产不便、居住分散、基础服务难以提供等问题,同时也需注意与退耕还林的结合。

样本村中有 11 个属于山区传统农林村,占 22.9%。一方面,该类村镇普遍规模较小,迁出人口为 6 类中最多,留在村内的劳动力为 6 类中最少;另一方面村镇普遍没有非农产业,且平原比例极低,土地的难以利用使村镇基本以种植业中的林木、粮食种植为主,因此林地比例高,耕地比例低,这种经济结构使得这类村镇发展水平为 6 类中最低的,经济的不发达也进一步推动人口的外迁和村镇规模的缩小。

（三）养殖专业村

即分类结果中的I-3。地形复杂多样，平原与山地兼有，种植业占农业产值比例较低，在复杂且难以利用的土地条件下，以农业中的养殖业为主，如陕西富平县刘集镇曹管村（养奶山羊）等。该类村庄在规划建设时应主要考虑较为丰富和灵活的农业生产方式对村庄功能布局、基础设施等的多样化需求。

样本村中有4个属于养殖专业村，占8.3%。该类村镇规模和人口情况与平原传统农业村类似，人口规模较小，外出人口较多，留在村内的劳动力偏少，但该类村镇地形复杂多样，平原与山地兼有，林地耕地占比差异较大，种植业占农业产值比例极低，因此在复杂且难以利用的土地条件下，该类村镇职能分为两种：一种以农业中的养殖业为主要产业；一种兼有农业与非农业，经济要素较多且复杂。以江苏省兴化市西郊镇徐圩村（图5-5）为例，该村位于长三角水网地区，村内养鱼者居多，养殖业收入是村内主要产值收入，村办企业不发达，大量的劳动力外出就近务工，村内劳动力比例偏低。

（四）远山特色农业村

即分类结果中的II-4。一方面距乡镇中心较远且位于远山区，另一方面农业比例大且林地居多，因此主要种植林木、果树、蔬菜等经济作物，农业产值较高，农户农业收入较丰厚，如云南蒙自市芷村镇黑拉冲村（种植烤烟、三七）等。该类村庄的规划建设应重视自然灾害的防御，避免自然灾害带来的农业收入的不确定性。

样本村中有2个属于远山特色农业村，占4.2%。该类村镇一方面距最近镇中心较远，均在9 km以上，因此受到城市的影响较小；另一方面农业比例大，其中种植业为主导，且均为山地。林地较多，林木、果树等为其主要的种植作物，农业产值较高。在区位和产业的背景下，该类村镇迁出

图 5-5　江苏省兴化市西郊镇徐圩村(肖霄　摄)

人口少,留在村内劳动力多,村镇规模大。以云南省蒙自市芷村镇黑拉冲村(图 5-6)为例,该村离蒙自市有一定的距离,是一个普通的山村,交通不便,总共有 13 个村民小组,12 个自然村,种植作物主要为水稻、烤烟、三七等,其中水稻是银辉米,每千克单价 12 元。因此该村虽然以农业为主,但农作物需要的工时较多,外出人口少,村内劳动力较多。

(五) 城郊非农产业村

即分类结果中的 II-5。这类村庄离乡镇中心较近,受城镇影响较大,非农产业发展较好,如紧邻省会湖南长沙的许兴村等。这些村庄的规划建设面临城镇化及土地集约利用等问题,也需重视与城市间的功能配合。

样本村中有 6 个属于城郊非农产业村,占 12.5%。该类村镇普遍离最近镇中心较近,均在 4 km 以内,因此受中心镇影响较大,非农产业发展较好,本地非农化水平较高,是典型的城边村,并在未来很有可能转变为城市地区,导致该类村镇人口规模较大,迁出率极低,留在村内的劳动力较多。以湖南省长沙县暮云街道许兴村(图 5-7)为例,位于长沙市的南面,紧邻长

图 5-6　云南省蒙自市芷村镇黑拉冲村（刘锐　摄）

沙市，到市中心仅 40 分钟车程，受长沙市影响较大。该村从 2009 年起，逐渐有外地人来村内租种土地用于种植花钵花卉和水果，目前有将近 30 家花农在许兴村租用近 400 亩耕地，最大的种植户租种 30 多亩。种植水果的比较少，以种植花钵花卉为主。花农多是外地人，他们有资金、技术。由于地处城郊地区，非农就业机会较多，本村村民以就近从事非农工作为主，但每晚都回村内居住。村内共有 4 个工厂，分别是两个橡胶厂、一个床垫厂和一个跑马场，村镇经济较发达，远距离外出务工人口较少，人口规模大，村内劳动力多。

图 5-7 湖南省长沙县暮云街道许兴村(马国强 摄)

(六) 平原非农产业村

即分类结果中的II-6。这类村庄自然禀赋较优,平原占比较高,由于区域经济或自然环境的优势,非农产业发展迅速,其他指标也表明该类村庄吸引了大量外来人口,迁入率高,劳动力资源丰富。这些村庄的规划建设面临村庄并入及配套设施跟进的问题,在配套时应综合考虑本地和外来人口,有弹性地配置各项设施。

样本村中有 9 个属于平原非农产业村,占 18.8%。该类村镇由于区域整体经济环境(苏南)或自然环境优势(大理),吸引了大量外来人口,迁入率高、迁出率低、劳动力丰富,村镇规模为六类中最大,非农产业为六类中发展最好。该类村镇全为平原,其发展依赖区域整体背景和自身发展优势,而不依靠中心镇的带动,因此距最近镇中心距离居中。以江苏常熟市海虞镇汪桥村(图 5-8)为例,该村由于位于长三角地区,乡镇工业较为发达,乡镇企业发展较早,使得该村镇非农化水平较高,种田的均为规模化大户,种植的作物则为水稻、苗圃、葡萄等,农户则在工厂打工或者在家进行以家庭作坊为主要形态的手工业，还存在较多的外来人口在该村工厂打工，因此该村外来人口较多，迁入率高，迁出率低，劳动力丰富，村镇规模大。

图 5-8　江苏省常熟市海虞镇汪桥村（许立言　摄）

村庄分类是村镇规划建设的基础，针对以上类型的村庄，其规划与建设应因地制宜，有所侧重。小村人口迁出多，村庄规模小，可以综合其特点考虑村庄间的兼并，在基础设施上更需与生产相结合，在公共服务上则需考虑最为基本的生活需求。其中平原传统农业村需与粮食安全问题相结合，养殖专业村需与多样化经济对基础设施的要求相结合，山区传统农林村需与退耕还林相结合。大村迁出人口少，规模大，其基础设施应侧重生活需求，公共服务则需加快与城镇的接轨。其中城郊非农产业村面临城镇化及土地集约利用的问题，远山特色农业村面临自然灾害的问题，平原非农产业村面临村镇并入及配套设施跟进的问题。

第六章

中国乡村宜居环境特点

宜居是兼具客观性和主观性特点的概念。人们对宜居性的认识有一定的共识，但在不同空间尺度、不同发展阶段和不同技术水平下，影响宜居性的要素不同。而不同的主体、不同的语境下，对宜居性评判标准的认识也不一致。针对乡村型居民点或村庄的宜居环境或宜居性的讨论相对比较少。村庄是人口聚居点，从空间尺度上看，与多数学者讨论的社区概念相当。关于社区宜居内涵的讨论，在一定程度上对农村的宜居环境的认识有启示作用。本章从对宜居概念的认识入手，简要梳理位于乡村地区和作为村镇体系中一种聚落形式的村庄的宜居环境特点。

一、宜居的概念内涵

在聚落尺度上关于宜居环境的讨论，针对村庄或者村镇宜居环境的概念出现较晚。国外对宜居的研究始于1961年简·雅各布斯出版的《美国大城市的死与生》一书，书中虽然没有直接涉及宜居的概念，但它的思想体现了宜居城市和宜居社区的特征，并且为以后宜居理论或宜居理念的发展奠定了基础。不少学者从这个理论出发来进行宜居社区的空间规划，也有不少学者的研究将宜居社区和交往空间、低碳联系在一起。

(一) 宜居城市和宜居社区

现有对宜居社区的研究从指标、内涵、意义等研究得比较多,而对于概念内涵的探究相对较少。对于宜居社区内涵的界定,一些学者引用了吴良镛(2001)对于人居环境的论述,如基于好的人居环境评价体系构建宜居社区的评价体系(孟元元,2012)。李丹妮(2009)在《我国城市宜居社区评估研究》中运用模糊综合评价等方法构建完整的宜居社区评价体系。

1. 宜居城市的概念内涵

不少学者在探讨宜居性话题的时候,往往由宜居城市引申到宜居社区,所以在讨论宜居社区时往往会探讨宜居城市的内涵标准等内容。从城市尺度来探讨宜居性问题,在数据资料获取、评价指标设计和针对评价结果采取有效措施提升人居环境质量方面,具有更强的可操作性。因此,从城市尺度开展的城市宜居性评价理论方法和实务研究工作较系统。较典型的如张文忠(2006)在《宜居城市蓝皮书:中国宜居城市研究报告(北京)》中提出:"宜居城市是适宜人类居住和生活的城市,是宜人的自然生态环境与和谐的社会和人文环境的完整统一体。宜居社区必须满足以下基本条件:安全健康,应具有新鲜的空气、清洁的水源、安静的生活环境、干净的街区;生活方便,人人都能够享受到购物、就医、就学等方面的公共设施的服务;出行便利;应该具有良好的邻里关系、和谐的社区文化,并能够传承城市的历史和文化,同时具有鲜明的地方特色。"简言之,宜居社区必须具备"人与自然和谐、安全、卫生健康、方便生活、出行便捷、和谐社区"等 6 个方面的要求。

中国城市科学研究会等单位完成的"宜居城市科学评价指标体系"项

目[①]提出了衡量宜居的六大指标：(1) 社会文明度方面，贫富差距较小，社会保障覆盖率较高，文化包容性较强；(2) 经济富裕度方面，要有一定的物质基础和经济基础，持续地为居民营造一个良好的居住、生活和工作的环境；(3) 生活便宜度方面，居住舒适，具有良好的商业服务、市政设施、教育文化、体育设施、绿色开敞空间、城市住房、公共健康与社会福利保障等优势；(4) 拥有安全便捷的交通环境；(5) 环境优美，宜居城市应该是景观优美怡人的城市；(6) 公共安全度方面，宜居城市是具有公共安全的城市，有完善的预防、应对自然或人为灾难的设施、机制和预案。

2. 宜居社区的概念内涵

在对宜居社区的定义中，源于不同视角的考察可以有不同的具体含义，不少学者提出了自己的见解。宜居社区的含义可以从不同空间尺度来表达，包括宏观、中观、微观三个层面(王欢，2009)。从宏观层面来看宜居社区应该具备良好的城市大环境，从中观层面来看，宜居社区应该环境优美、规划设计合理、生活设施齐备、邻里和谐亲切；从微观层面来看，"宜居"通常仅仅指适宜居住，宜居社区应该具备单体建筑内部良好的居室环境。

也可以从宜居性内涵的不同方面，把宜居社区定义为关于社区舒适、安全、经济和关爱的质量表述(高丽娟，房吉，2011)，表现为居民对社区的环境和社会质量的心理感受，包括物质环境条件、社会交往质量、身心愉悦程度和健康安全等方面的内容。物质环境条件包括清洁、安静、空气清新和水流清澈；社会交往质量包括邻里和谐、公平交流、相互尊重、社区特性和对社区的自豪感；身心愉悦程度包括享受休闲娱乐、美学、现存的独特文化和环境资源；健康安全包括交通安全、人身安全和公共健康等在内的安全与健康。因此，从上述关于宜居社区内涵的认识来看，对于宜居社区的空间规划可以看作对精神层面(交往、认同感)和物质层面(绿地、景观等)

① 2006 年 4 月 26 日，建设部发出建科[2006]98 号文件，决定将"宜居城市科学评价指标体系研究"列为 2006 年度软科学科技计划项目，项目编号 06-R1-26。中国城市科学研究会、南京大学城市与区域规划系、城市网、北京中城国建咨询有限公司合作完成。中国《宜居城市科学评价标准》于 2007 年 5 月 30 日正式发布。

的规划。随着绿色生态发展理念在生产生活领域得到越来越广泛的认可，在宜居社区研究中也开始将宜居社区和低碳要素结合起来，出现了低碳宜居社区的概念。这一概念体现在规划理论方法和实践研究中，就是同时考虑人居环境和可持续发展、生态环保，将低碳生态理念和指标要素纳入宜居社区规划（高丽娟，房吉，2011；闵雷，熊贝妮，2012）。

对精神层面的关注是宜居社区评价和规划的另一个重要方面。鉴于邻里交往是居民生活中不可缺少的精神因素，社区邻里交往空间则是居民信息交换和情感交流不可缺少的基本场所。因此，在社区规划的空间组织中，邻里交往空间也被视为增加社区宜居性的重要内容（李杨露西，2011）。此外，从景观和建筑设计层面，现代宜居社区空间景观规划设计和现代宜居社区建筑设计等（钱峰，2011）也是宜居社区规划不可或缺的内容。由于宜居社区内涵包括多个尺度、多重指标要素方面的内容，那么不同区位条件下的社区在宜居性方面的具体表现也会有所差异（解雯娟，2011；赵国飞，2008）。

（二）面向村镇的宜居社区概念

综上，关于宜居社区的界定，大多从城市角度出发，涉及城市住区综合环境质量，公共服务和市政设施，文化取向、空间形态和景观特色，公共安全等。这些定义都认为社区不再是单纯住人的空间，而是有意识、有情感、有交往要求的居民的生活空间和场所。因此，宜居社区建立在一定的物质和经济基础上，持续为居民提供良好的居住和生活条件，包括各种服务和设施，保证居民享有便捷的交通和优美的景观，同时满足居民的公共安全感和其他情感需求。宜居社区的规划应该涉及物质和精神层面。规划设计时，需要考虑社区和环境之间的可持续的低碳发展，也需要统筹城市和乡村的社区建设。在社区的具体设计中，社区建筑、社区景观和公共交往空间的设计需要从细节到整体综合考虑来营造良好的人居环境。

乡村地区的村庄和小城镇等居民点在外部环境、居民生活生产方式等方面与城市有所不同，但就宜居性概念内涵而言，乡村地区的社区在宜居性指标要素涉及的空间尺度和层次、物质和精神视角下的主要指标类型等方面，与城市社区宜居性的内涵有相近之处。基于以上有关以城市社区为主的理论和实证研究成果，结合关于村庄宜居性研究的需求，可以选择联合国《温哥华人居宣言》中对人居环境的定义作为出发点，提出村镇宜居社区的定义及内涵。1976 年联合国《温哥华人居宣言》正式提出人居环境的概念，认为人居环境是人类社会的集合体，包括所有社会、物质、组织、精神和文化要素，涵盖城市、乡镇或农村。它由物理要素以及为其提供支撑的服务组成(UN，1976)。物理要素包括住房(为人类提供安全、隐私和独立性)和基础设施(即递送商品、能源或信息的复杂网络)。服务则涵盖了社区作为社会主体，完成其职能所需的所有内容。当前，人居环境被认为是社会经济活动的空间维度和物质体现(UN，2012)。

二、乡村宜居性的内涵与演变

村庄作为一种乡村聚落历史悠久，村庄所承载的生产生活功能和人们对宜居性的认识也经历了发展和变化。从渔猎采摘转向耕作养殖而开始定居出现的早期人类村落，到农业生产作为国家和区域主导产业时期的传统农村，再到工业化城镇化阶段或多或少受到近现代技术影响的农村，直至生态文明建设时期城乡融合时期的农村，乡村地区的生产方式逐步变化，村落的功能在发展中趋于多元，农村居民对宜居性内涵的认识也在日益丰富。

(一) 传统乡村聚落功能与宜居性需求

作为农业社会背景下的传统乡村聚落的村庄，在功能和宜居性内涵方面，主要表现为对居住安全的基本需求、适应当时生产力水平和生产方式的生产功能承载和对生活条件保障的需求。

1. 居住安全

居住是聚落最重要的基础性功能，对于传统农村而言尤其如此。居有定所是居住安全的基础，居住安全是保障生命财产安全的内在要求，是宜居的必要前提。受当时生产力水平和技术条件的影响，传统乡村聚落抵御自然灾害的能力相对较弱，传统乡村聚落对地震、滑坡、泥石流、风暴、旱涝等自然灾害，以及对野兽侵袭等敏感性强烈，因此，村庄选址避免布局在自然灾害易发、多发区和野兽易攻击区。此外，在村庄建设和房屋设计方面注重与气候条件和自然条件相适应的安全防卫措施，可以起到一定的避灾避难效果。除力求避免和削减自然灾害外，传统村落也非常注重安全防卫，土楼就是防御需求的产物。

2. 农业收入高

农业是传统乡村聚落的主导产业，农产品收入是农民最主要甚至唯一的经济来源。由于农业对水热条件、地形地貌条件等自然地理条件的强烈依赖性，加上当时农业生产力水平和技术水平不高、抵御灾害的能力非常有限，灾荒瘟疫等灾害对农民生活影响强烈，容易造成农民家庭陷入贫困。小农经济的脆弱性对农民宜居生活产生了极大威胁。维持生计和获得较高的农业收入在传统农业背景下既是乡村生存和发展的基础，也是村庄宜居需求的重要内容。

3. 务农便捷

传统乡村聚落的农民以从事农业生产为主，生产便捷主要指便于从事农业生产。农业生产的小农经济特征明显，农民对土地依赖强烈，耕种劳作是日常性的经济活动。加上交通工具简单，村庄中的农民可接受和适宜的耕作半径均较短，村庄分布具有明显的生产取向性（韩茂莉，2017），“山包围村、村包围田、田包围水”反映了传统乡村聚落选址对农业生产的考虑。因此，从生产便捷的角度考虑，“阡陌交通”是农民对道路建设的追求，居住地到农地的距离短是农民宜居性水平的重要考量指标。

4. 生活便利

对于传统乡村聚落，基础设施较为落后。例如，传统村落中几乎没有布设供水管道，村民需要通过挑水、钻井取水等方式获得与生活生产息息相关的水源供应。所以，在乡村地区，取水便利是生活方便的重要表现。特别是在干旱半干旱地区，水源稀少，水源获取的便利性对农民宜居性水平高低至关重要，乡村聚落较普遍存在的向水性布局特征体现了取水便利在村庄宜居性考量中的重要性。

5. 社会和谐

在乡村聚落尺度上，社会和谐要素包括邻里、族群等关系和谐。邻里即“五家为邻，五邻为里”，是一种以地域关系为基础的人际关系。在传统乡村聚落中，农民流动性小，邻里在农民的社交圈中扮演了非常重要的角色，“美不美，家乡水；亲不亲，故乡人。割不断的亲，离不开的邻”“远亲不如近邻”等俗语都充分体现了邻里关系和谐、互帮互助对农民生活的重要意义。

6. 环境优美整洁

传统乡村聚落的宜居需求也体现在追求美、崇尚自然方面。“秩秩斯干，幽幽南山”“卷帘唯白水，隐几亦青山”“居山水间者为上，村居次之，郊居又次之”“绿树村边合，青山郭外斜”等诗句表现出了传统乡村聚落对山水树木的邻近性要求，从而反映了古人对自然、对美的追求。

（二）乡村宜居性内涵发展变化的背景

1. 就业非农化

从多数国家和地区的情况看，随着技术的进步和生产力水平的提高，区域经济发展都伴随着工业化和城镇化过程。农村劳动力从农业向非农产业的转移是农业转型和经济增长中最普遍的现象之一，也是工业化和现代化必然的结果和趋势。这种经济和社会结构的变化，意味着原来劳动力就业结构中农业劳动力比例会下降，而第二、第三产业劳动力会上升。劳动力从农业转移到非农产业的同时，多数情况下会出现从农村转移到城市的居住地转变，但在一定时期内也会出现劳动力就地就近非农化、劳动力个体或农村家庭既从事农业也从事非农产业的兼业现象。这不可避免地会对乡村聚落的功能和宜居性内涵产生影响。

改革开放后，我国大量农村剩余劳动力走出农村到城市非农就业，为农民增收起到了很大作用。家庭经济收入增加后，农民有条件提高家庭生活水平，如翻建房屋、购买私家车、增加多样化的休闲娱乐活动，提高对教育、医疗资源供给的要求等。农业生产不再是农村家庭主要的生产活动，农民从事农业生产的时间大幅减少，农民对耕地的依赖程度下降，农地流转现象开始出现。随着交通条件的改善，居住地到农地的距离对生活影响下降。就地就近非农化就业也增强了乡村人口流动性，因而对交通设施条件、治安管理水平提出更高要求。

2. 人口老龄化

在经济社会发展水平不断提高的过程中，随着生育率下降和人均寿命的延长，很多国家和地区都出现了老龄化进程。进入新世纪以来我国的人口老龄化程度也在不断提高，65 岁以上人口占总人口比例从 2000 年的 6.96%增加到 2019 年的 12.57%。事实上，我国乡村地区的人口老龄化程度比全国平均状况更高，老龄化带来的相关问题也更复杂。随着人口增长状况的变化和我国的城镇化进程的推进，我国乡村人口规模已经从 1995 年峰值时的 8.6 亿人减少到 2019 年的 5.5 亿人。乡村人口的减少主要是由于大量农村人口向城镇转移造成的，而转移人口中青壮年人口比例明显高于老年人口比例。在这一背景下，乡村地区的老年人口比例高于城镇。农村人口老龄化在乡村经济和社会发展方面不可避免地产生了影响，一方面，青壮年劳动力大量外出必然会影响农村产业的劳动力供给；另一方面，在快速城镇化进程中不可避免地出现城乡二元结构和城乡发展差异的情况，乡村地区的基础设施条件和社会服务保障程度都低于城镇地区，乡村地区应对老龄化问题的任务相对更重。

3. 发展理念变化

兼顾经济效益、社会效益和环境效益是国家和地区发展的基本原则和思路。但在不同的发展阶段，地方发展中的侧重点往往会有所不同。在经济发展相对不足、产品供需矛盾较大的阶段，经济目标的地位通常会被放在首位。工业革命后大工业生产方式和日益发达的技术手段显著提高了生产效率，为人类提供了丰富的物质财富，快速改善了人们的生活条件，也为提高社会保障能力和改善人居环境提供了经济支撑。但很多国家和地区在快速工业化进程中也出现了资源透支、环境污染、生态退化等问题。我国一贯重视生态环境保护工作，尤其是党的十八大以来，生态文明建设理念已逐步在城乡经济社会发展各个领域得到了重视和体现。党的十八大报告提出了经济建设、政治建设、文化建设、社会建设、生态文明建设五位一体的中国特色社会主义事业总体布局，并对推进生态文明进行全面部署。

这在乡村地区发展理念和农村居民对人居环境关注的内涵等方面也有所体现。相对于城市而言，我国大部分农村地区的基础设施和社会服务设施建设条件相对较差。村庄环境方面，村内垃圾长期不处理、公共厕所缺失、道路老化等问题降低了农村居民生活质量。生态环境与村庄环境恶劣的局面得到国家和地方政府的重视，近年来开展了新农村建设、美丽乡村建设等一系列工作，旨在通过村庄环境整治，改善乡村聚落内外部生态环境。农民对生态保护、村容整洁的意义有了更加明确的认识，也对优化农村生态环境、改善村庄设施条件有了更高的要求。

（三）乡村宜居性内涵的发展变化

随着聚落的发展，新的、未曾预料的功能会不断被添加，因此聚居必须同时满足最初的需求和不断增加的、新的需求（吴良镛，2001）。位于乡村地区的村庄和小城镇、集镇等聚落的功能和发展内涵，一方面随着生产功能的增加和生产方式的改变而丰富，另一方面也随着生活需求的增加和发展理念的变化而优化（图 6-1）。

1. 就地就近非农就业需求上升

农村联产承包责任制的推广，极大地调动了农民的劳动积极性，大量

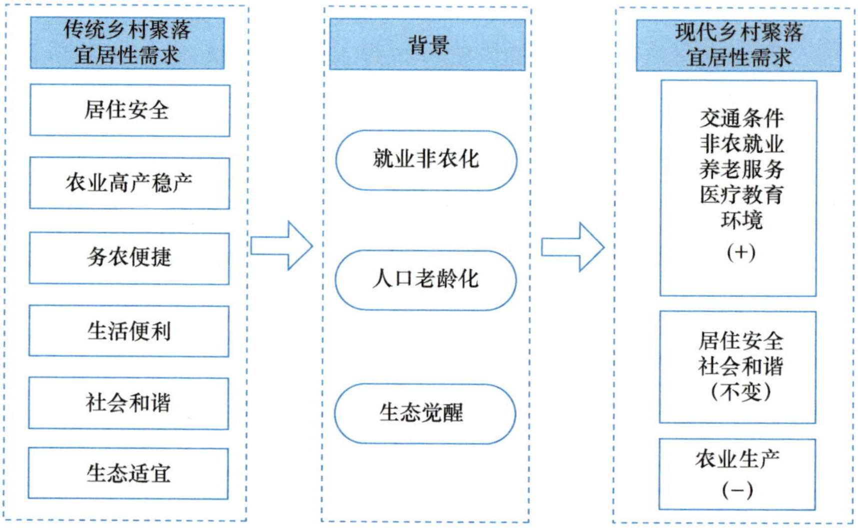

图 6-1　乡村聚落宜居性需求演变规律

劳动力从农业生产中析出。农村剩余劳动力一方面大量进城务工经商,另一方面也开始在家乡及附近地区开始寻求非农就业空间。在农村人口大量向城镇迁移的背景下,部分地区出现土地流转现象,加上农业机械化程度逐步提高,农村劳动力在农业投入的劳动时间大大缩短,农村劳动力季节性和日常性兼业从事非农业活动需求有所增加。随着乡村地区道路设施和交通工具等交通条件的改善,农村劳动力就近从事非农业活动的空间范围也有所扩大。在多重因素共同作用下,耕作半径对农民宜居生活的影响减弱,乡村聚落与以农地为载体的就业空间邻近性约束减弱。相反,农民到务工地时间对宜居性水平的影响增加。在现阶段我国人口乡村—城镇迁移仍然存在大量劳动力迁移而未实现家庭化迁移的情况下,长期在外务工让农民无法照料家庭,带来诸多社会问题。就近非农就业则可以兼顾增加拓展就业空间、增加家庭收入和照顾家人的需求。因此,就地就近非农就业的便利条件遂成为乡村宜居性的内涵之一。

2. 交通运输设施条件需求上升

乡村发展水平提高后对交通运输设施提出了更高要求。一方面,农村经济发展和农村劳动力非农就业促进了农户家庭增收，家庭购买能力提高后，很多农户会更新代步交通工具，小汽车、摩托车、电动自行车和三轮车迅速普及。另一方面，快速城镇化背景下大量农村人口向城市转移，有条件的地区通过耕地流转在一定程度上实现了规模经营，农业耕作的机械化水平逐步提高，农业生产中的交通运输量增大、交通运输的机动化水平也在提高。机动化的交通方式对道路质量、交通运输配套设施和相应管理服务提出了更高的要求。因此，现代乡村聚落道路等交通运输条件，如道路宽度、硬化率等，对乡村聚落宜居性的重要程度较之前有明显提高。

农民收入水平提高后，对交通服务类型和综合服务质量也提出了更高要求。城—镇—村聚落体系中，各项区域服务功能和服务设施布局通常具有等级性，越高等级的服务设施数量越少、间距越大，农民需要到更高等级居民点获取更好服务。随着农村发展水平和服务需求水平的提高，农村对外交通频率增加，需要通达性更好的交通网络。就近务工的农村劳动力，对外交通可能转变为日常行为，到务工地交通耗时越短，则村落的宜居性越好，在居住地位置不变的情况下，可以通过改善交通条件缩短交通时间，提高农民宜居水平。有的乡村聚落还可能发展旅游业，大量车辆对交通路网提出了更高要求。

3. 老年服务设施需求上升

老龄化是我国现阶段重要的社会结构特点之一。与很多发达国家相比，我国进入老龄化阶段的时间相对较晚，但老龄化的速度、老龄人口规模以及与此相伴的老龄服务供需矛盾更加引人关注。而在老龄化与中国特色的城镇化背景下，由于乡村人口青壮年劳动力大量进入城镇就业和居住，乡村地区的老龄化程度更高，乡村地区留守家庭和留守老人已成为比较普遍的现象。在此背景下，面向老年人的生活服务设施和服务保障水平，直接影响乡村的宜居水平。

与以往相比，从宜居性的视角来看，乡村聚落亟需增设养老服务设施和提供养老服务，料理老年人起居、组织开展娱乐活动、丰富老年人的生活。从村庄规划建设方面来看，需要通过修建老年活动中心，为老年人提供交流、娱乐的公共空间，构建社交平台、丰富晚年生活；以及建设具有简易健身设施的村民广场，供老年人散步、运动，组织开展广场舞等活动，通过运动健身提高老年人的身体素质。

4. 医疗服务设施需求提升

随着经济收入水平的提高和生活观念的转变，乡村居民对身体健康越来越重视。近年来我国农村医疗保障制度逐步完善，也在很大程度上提高了农民医疗支付能力、减轻了就医负担，农民对更好的医疗服务也提出了更高的要求。此外，乡村地区老龄人口比例大，老年人自身对医疗的需求多并且行动相对不便，也增加了对医疗服务设施的需求，对医疗设施分布密度、应急救治服务供给和医疗服务通达性也有了进一步的要求。

因此，从宜居性视角看，现阶段乡村地区居民对医疗服务供给能力、医疗设施布局和服务保障方式等都有了进一步的要求。

5. 教育和文化服务设施需求提升

我国一贯高度重视基础教育，为子女提供教育支持也是我国城乡居民的优良传统。随着经济社会发展水平的提高和家庭收入条件改善，农村居民通常会愿意支持子女获得更好的教育。乡村居民对教育质量、教育设施质量和数量均有了更高的需求。现阶段农村青壮年劳动力多数外出务工，留守儿童多由老年人照看，老年人行动不方便，不适宜远距离接送小孩放学，对教育设施布局能更接近居住地，或者到学校的交通条件更好、学校提供校车服务有了不同于以往的需求。值得注意的是，随着农村劳动力大量进城务工和定居尤其是近年来乡村地区儿童随迁率的提高，乡村地区中小学布局面临调整和优化，教育设施的布局和规划建设方式也在发生变化。

此外，一方面随着农村家庭收入水平的提高和农民价值观念的转变，全民学习、终生学习的理念在乡村地区越来越得到认可；另一方面，随着信息化水平的提高和技术的快速发展，知识更新已成为居民的必然要求。所以，新时期的乡村居民对图书室、电子阅览室、各类文化活动场所有了更多需求。

6. 对生态环境质量和基础设施的要求提升

从空间尺度层次看，农村的生态环境可分为整体生态环境、村庄环境、院落环境三个层面。在生态文明理念越来越得到城乡居民认可的背景下，农民重新认识优美的生态环境、村庄环境对宜居生活的重要性，也对院落环境提出了更高要求。积极营造山清水秀、鸟语花香的生态环境，期望远离工业区、垃圾填埋场等污染源，控制并消除农业生产和农村生活污染，已成为多数地区乡村居民追求宜居性所考虑的重要内容。对乡村道路、给水排水、通信、能源等基础设施标准的要求也在逐步提高。

此外，经济条件的改善、良好生活习惯的养成让农民对居住舒适度需求上升，从而对院落和住宅的结构、功能以及装潢有了改善需求。

7. 对居住安全和社会和谐需求的内涵更加丰富

居住安全依然是乡村聚落宜居性的基础性需求。规避地质、洪涝等灾害依然是乡村聚落布局要考虑的首要条件。居住安全的内涵不仅是对自然灾害、猛兽的防御，交通安全、消防安全、供水安全等也成为影响乡村聚落宜居性的重要因素。新时期的村庄发展和规划建设中，对道路布局、安全标志的设计、消防设施配置、健康水源保障等方面的内容都需要完善和优化。

乡村聚落中人与人之间的社会交往，是农民生活的重要组成部分，社会和谐始终是乡村聚落宜居性水平的重要因素。乡村的社会和谐主要指邻里之间、干群之间关系亲密、和谐，彼此互相帮助、相互尊重。在就业结构、人口结构、生产生活活动范围、交通通信方式改变的背景下，乡村地区的社会联系内容和联系方式也在发生变化，社会和谐的内涵也越来越丰富。

三、乡村聚落人居环境的主要特点

城镇和乡村作为不同类型的人类聚居地，作为居民生产生活空间载体的基本属性和在为生产生活基本功能提供保障方面具有相似性。但由于生产内容和生产方式、生活规律和生活习惯、空间活动范围和联系紧密程度等许多方面的不同，城镇和乡村的差异性显而易见。对乡村聚落宜居性的考察和评价，需要把握乡村人居环境的特点，有针对性地建立评价方法和指标体系。

在已有相关研究文献的基础上，结合乡村调研的直观感受，可以将乡村人居环境的特点以及选取乡村宜居性评价指标时需要注意的要点归纳如下。

（一）对地理条件和自然生态环境的依赖性

由于作为乡村主要产业的农业属于通过利用和强化自然界动物、植物等生物的生命过程而获得产品的产业，所以农业生产具有高度依赖自然地理条件的特征。从而，作为乡村地区居民聚集的场所，乡村聚落可以看作一个人工和自然共同作用的系统，该系统中人工作用相对较弱，人类的生产生活对自然环境有较大的依赖性。陕西省汉阴县漩涡镇茨沟村，可以比较充分地体现这一特点。茨沟村位于陕西省南部山地，靠近大巴山山脉，距最近中心镇距离 6 km，距县城距离 60 km，区位交通条件相对较差，对外联系不便。由于地形原因，村内居民点分散，耕地多为梯田，不适合规模经营和推广农业机械化。2013 年村内常住人口 600 人，村民务农收入较低，因此外出打工人口多，村内劳动人口比例仅占 15%。由于自然环境限制，茨沟村整体发展水平不高，2013 年全村农民人均年收入 2000 元。村内基础设施仅能保障供水、供电等生活基本需求，公共设施建设状况差，无灌溉设施，无公共活动空间和公共活动设施。

与城市相比，乡村聚落的人口集聚程度较低，生产力水平不高，经济发展水平也较低，自然环境的原生态特征相对较显著，人工对自然的干涉、改造水平远低于城市。乡村聚落的空间分布、规模大小受到众多自然环境因子和农业资源条件的制约。具体来说，一个稳定的村落，首先需要具有少发自然灾害的地理环境；其次需要有良好的水源，可保证居民饮水和生产的需要；再次，需要具有一定量的自然资源，以维持聚落稳定的居住、生产功能。

城市宜居性评价的指标体系中，在考虑自然生态环境时通常只考虑气候、水文、地形、污染状况等指标。对照上述乡村人居环境特点，这些用来评价城市宜居性的指标显然不够。比如在建立乡村宜居性指标体系时，应该纳入自然生态资源可利用程度的指标，正向指标包括耕地面积、平原占比等，还有考虑不可利用地占比等负向指标。此外可考虑纳入反映乡村当前发展水平的指标，在常用的表征发展规模的指标中，用地规模可反映当前对自然资源的利用程度，人口集聚规模和经济发展水平可表征乡村对自然生态环境的利用和改造能力。

（二）地理位置的偏远性和边缘性

乡村聚落在自然环境中占据一定的空间范围，在该范围内包括地表空间上具有较强自然属性的生产生活资料和人工创造的物质财富，也包括在此空间范围内形成的非物质空间。相对城市而言，乡村处于相对边缘化的位置，具体表现为与人口聚集程度高、经济社会发展水平高、往往作为区域中心的城市相比，乡村聚落往往具有地理位置偏远、区位条件较差、居民点规模较小、空间分布分散、交通条件落后等特征。相对偏远的地理位置、相对低效的生产活动使得乡村聚落对外物质交流缓慢。这种空间环境的边缘性特征，在乡村生产、生活方式的物质和非物质交互作用中进一步影响了乡村聚落中居民观念更新、信息交换等非物质要素的活动，进而造成乡村地区经济、政治、社会和文化发展的边缘化，由此带来了一系列乡村问题。

地域空间上的边缘性使得乡村在建成环境上体现出与城市不一样的特点。首先，空间环境的边缘性意味着不够便利的交通和不够迅捷的通信，这成为限制乡村宜居性提高的重要因素。其次，乡村居民点规模小、布局分散、人口密度低等特点，也使得乡村的基础设施及公共服务设施整体利用率低。并且由于缺乏规模效益和集聚效益，基础设施和公共服务设施配置的成本相对较高，从而不能像城市那样获得较高的效率。再次，受物质边缘性的影响，乡村的非物质边缘性特征显著，乡村整体认知水平、价值取向与城市存在较大的差异。通常情况下人的满意程度受到社会比较的影响，而乡村的边缘性使得居民对更好的人居环境（如城市）了解相对较少，不易产生对当前人居环境的不满，那么在建成环境较差的乡村，可能会出现村民对宜居性的主观评价反而较高的情况；反之，在与城市联系较为紧密的乡村，也可能出现居民对村落宜居性评价得分反而较低的情况。

虽然城市与乡村在地域空间上呈现"中心""边缘"的相对差异，但是作为人居环境系统，其内部系统划分也具有统一性，因此乡村宜居性评价的指标体系在系统层划分上，从聚落基本功能构成方面，也可以参考城市宜居性指标体系。同时，根据以上分析，在城乡建设水平差距较大的基础设施和公共服务设施方面，具体指标需要根据乡村的特点进行调整。城市宜居性指标中，基础设施评价和公共服务设施评价常采用人均设施面积、设施覆盖率、万人设施拥有数量等指标，而乡村基础设施评价可借鉴覆盖率指标，但乡村公共服务设施数量较少，不适于以人均设施面积或万人设施拥有数量进行评价。考虑到宜居性认知的主观性也体现了居民需求的特点，可考虑通过主观性指标进行评价。

（三）社会文化系统的相对保守性

上述对地理条件的依赖性和区域位置的边缘特征一定程度上成为乡村聚落人文社会环境的基础性要素，由此也决定了乡村聚落与城市相比，具有相对保守性的特点。由于乡村聚落受到空间上比较分散、生产活动类型和内容较简单、相互联系较松散、与外部的交互作用比较缓慢等因素长期的、综合性的影响，乡村聚落形成了相对保守的社会文化环境。

与基于现代机器化大生产方式组织起来的城市社会环境相比，乡村社会环境具有更浓厚的传统社会文化特征，聚落内或一定范围内的乡村聚落之间，人与人关系密切，地缘观念、家族观念、血缘观念浓厚，社会行为受地方风俗习惯和传统道德约束较大，社会变迁及生活节奏相对缓慢。在所调研的村庄中，不乏有保留供奉祖先、祭祖等习俗的村庄，多数村存在大姓，亲属血缘联系是维系乡村社会关系的重要因素。当然，近年来在快速城镇化进程中，尤其是东部发达地区的村落和距离城市较近的村落，受现代生产方式和社会联系方式的影响，乡村聚落的社会文化环境也在逐渐发生转变，除血缘关系外，邻里关系、社会规则和生产中的各种契约关系发挥着越来越重要的作用。

在城市宜居性指标中，涉及人文环境的指标相对较少，往往包括规划公众参与度、历史文化遗产保护等几个方面。而在乡村宜居性评价中，人文环境和社会文化方面的指标也是必不可少的，并且要体现更丰富的内涵。具体指标选取中，可以利用邻里交往频率、供奉祖先或祭祖等活动频率来进行衡量。

第七章

中国乡村宜居性评价

一、宜居性评价方法研究回顾

如前文所述，关于人居环境宜居性的研究，以城市为考察对象的研究成果相对丰富。关于宜居性评价方法，选择科学合理、可行有效的评价指标是核心环节。已有相关研究中，从宜居城市的基本内涵出发选择和确定评价指标是一种较为普遍的方法。典型的如将城市宜居性定义为能够满足居民各方面需求，提出从安全、健康、生活方便、出行便利和居住舒适这5个方面构建评价指标（张文忠，2007）；在强调宜居性的可持续发展性的基础上，在居民需求以外纳入经济发展和可持续发展的潜力方面的指标，构建包括社会文明度、经济富裕度、环境优美度、资源承载度、生活便宜度、公共安全度6个方面的指标体系（顾文选，罗亚蒙，2007）。

城市和乡村同为承载人口生产生活活动的空间载体，但由于地理本底条件、外部环境、生产生活内容和形式的差异，城市和乡村在人居环境的具体功能实现方式方面存在较大差异。针对乡村宜居性的评价研究以微观居住环境层次的研究为主，评价方法包括客观评价和主观评价，其中又以客观评价较多,主观评价的研究较少。研究的尺度方面,乡村宜居性的客观评价方法与城市宜居指数评价方法相似,指标体系通常涵盖人居环境的安全、健康、生活方便、出行便利和居住舒适 5 个子系统,研究尺度以县域及其以上的宏观视角为主;主观评价主要从居民感受出发,从相对微观的尺度入手,考察居民对环境的满意程度。

在指标体系构建和具体指标选取方面,客观评价研究多基于已有相关文献分析,总结梳理出具体的指标。主观评价研究中,除采用客观评价常用指标体系外,还可对提纲式自由访谈获得的访谈资料进行质性分析,从中提取出村民认为重要的指标;或通过对居民整体态度影响因素进行回归分析选取指标。

在数据来源及数学方法选取方面,客观评价时所采用的具体指标的数据源通常包括统计年鉴和各类相关统计信息等,采用的主要评价方法包括主成分分析法、熵值法等。主观评价时所用数据常通过问卷调查和访谈等方式获取,利用态度量表将对评价因素认可或不认可的态度转化为可处理的数值。采用德尔菲法(专家打分法)、评分数据排序分析法、模糊评价法等方法对指标赋予权重,是主观评价常采用的获取权重的方法。具体评价过程中,多在客观评价和主观评价的基础上,对宜居性进行综合评价。

值得注意的是,不论是在城市宜居性指标还是在乡村宜居性指标研究相关文献中,均强调了主观指标的重要性。客观指标包括经济发展水平、公共设施提供状况等方面,而主观指标主要表征为居民满意程度等形式。前者反映宜居性的物质基础,后者反映居民对环境的认知和需求。根据心理学认知理论,宜居与否并不仅仅取决于外部环境条件和服务设施等物质条件,还取决于居民对于环境的认知与评价。随着经济收入水平的提高、生产生活活动范围的扩大、居民视野的开阔和价值观的改变,乡村居民对服务内容和服务水平的需求也在逐步提高。体现在乡村宜居性评价的客观评价和主观评价构成方面,主观性评判的重要性也有所提高。因此,对乡村聚落宜居性的考察,需要尽量做到主客观指标相结合。

二、宜居性评价指标体系构建

(一) 指标体系构建原则

我国幅员辽阔且地理条件差异显著,不同地区的乡村在地理本底条件、发展阶段、生产方式、生活习惯等多要素形成的整体环境方面有明显差别。衡量乡村人居环境宜居性的评价指标体系应该从不同类型地区的实际情况出发,充分反映地方特征。此外,还需充分考虑环境中人的主观感受。乡村居民不仅是环境的参与者、创建者,也是环境的管理者、感受者。因此,村镇宜居性综合评价指标体系应该遵循以下原则:

(1) 以人为本原则。人居环境的评价指标应该强调以"人"为核心。不论是指标系统层次的划分,还是具体指标的选择都要围绕人生活的环境,以建设一个优美的、人与自然和谐相处的居住环境为标准,充分反映居民对人居环境的评价和需求。

(2) 综合性原则。注意自然环境指标与人文环境指标相结合、定性指标与定量指标相结合。既要有客观状态方面的指标,又要有主观行为方面的指标;既要有反映设施建设现状的指标,又要有体现设施使用绩效的指标。

(3) 可持续性原则。最终选择的指标应该体现自然与人文环境的和谐、乡村的健康发展,要符合可持续发展原则。既要能够体现经济的可持续性,也要符合社会、自然环境的可持续性。

(4) 可操作性原则。评价指标资料数据的可获得性对乡村地区的研究和评价而言非常重要。相对于城市来说,我国农村数据不够完善,评价研究的数据源较为单一,缺乏连续的统计数据资料。通过问卷调查和访谈等方式采集数据资料时,在设计问卷调查内容时应尽可能考虑数据收集对象对指标的认知状况。

人居环境是一个复杂、开放、动态的系统，受到多方面因素的影响。理想的宜居性指标体系应能够尽量全面地涵盖人居环境内涵。实际研究中，受到定量研究方法和数据本身的限制，往往只能有针对性地选择有代表性的指标体系和指标因子进行研究。

乡村人居环境评价又具有其特殊性。村镇数量众多，相对城市来说分布较为分散，物质、信息流动节奏相对缓慢，环境相对闭塞，受地理条件和文化传统影响相对较大，基础资料相对不足。因此，经常用于城市社区宜居性研究和评价的一些指标的数据资料在农村有可能难以获得，从而无法掌握其准确情况。另外，虽然随着城镇化水平的提高、乡村与城镇在生产生活中交流增多和联动加强，但是乡村居民的价值取向与城市居民价值取向仍不可避免地存在较大的差别。为此，在宜居性评价指标的筛选上，要有别于城市宜居性评价的常用指标。

(二) 指标体系构建基本思路

围绕农村聚落宜居性评价需要，本研究从三个层面设计指标体系。其中一级指标体现人居环境构成的几个大的方面，或者称为宜居性视角下构成农村人居环境的子系统，包括外部环境、建成环境和人文环境；二级指标反映宜居性视角下的农村人居环境构成的几个维度；三级指标是二级指标的细化，确定具体的指标要素和指标数据。

1. 一级指标——人居环境系统构成

本研究借鉴城市宜居性指数的指标体系构建思路，从人居环境定义及宜居性的内涵出发，进行指标体系的建立与评价指标的筛选。可以认为，乡村人居环境可划分为三个子系统：外部环境系统、建成环境系统、人文环境系统。

乡村人居环境的活动主体是乡村居民，居民生活在由特定的行为方式、传统习俗、价值观念、制度文化等构成的乡村人居环境的社会网络环境中，即人文环境系统；这一层次的环境直接影响了居民对人居环境的主观认知，进一步影响居民和环境的互动方式。人文环境系统以一定的物质环境为支撑，支撑性物质环境包括生产生活设施、基础设施、公共服务设施等，即建成环境系统。人文环境系统与建成环境系统共同组成乡村聚落人居环境的内部环境。外部环境是处在一定的自然生态环境和经济区位环境中的，自然生态环境为提供人类发展所需的自然条件和自然资源，同时决定了聚落的自然、经济区位；经济区位环境决定乡村与城市联系的紧密程度，可获得信息、资金等资源的便利程度，影响着乡村进一步发展的潜力。

2. 二、三级指标——宜居性维度确定和具体指标选择

在人居环境系统层的基础上，按照各子系统的要素特征，进一步提出各系统层宜居性内涵的明确意义，即宜居性的维度，作为二级指标。本研究选择将宜居性内涵解读为广义范畴的宜居性，即除了适宜居住外，应当满足居民生活多个层面的需求，既关注乡村物质层面的建设，同时也顾及居民精神需求层面的内容。根据前文对乡村人居环境特点的分析，针对不同系统确定宜居性具体应当满足的原则，选取 9 个二级指标。

（1）外部环境子系统

包括“自然禀赋”和“区位条件”两个二级指标，反映乡村自然资源条件和区位条件。

① 自然禀赋

自然资源条件是村庄发展的基础，同时也约束了村庄发展的潜力空间，根据宜居性的可持续性原则，须从当前已开发利用的状况和未来可开发利用的潜力两个角度进行评价，分别用“禀赋条件”和“禀赋潜力”来表征。

② 区位条件

区位条件主要表征与中心城镇的相对区位，是村镇生产生活方式受城镇影响程度的体现。乡村与中心城镇的距离往往决定农业生产方式，距离城市越近，接受城市辐射越强，越有可能成为城市边缘区或城市影响区，从

而影响其经济结构或用地布局。区位条件用“宏观区位”与“微观区位”进行表征。

(2) 建成环境子系统

本研究将建成环境子系统的宜居性定义为“发展”“安全”“舒适”“便捷”“服务”5个维度,对应相应的二级指标,反映乡村经济发展水平及物质建设水平,包括基础设施、公共服务设施建设状况等。

① 发展

建成环境中最基础的层面是乡村经济社会发展水平,具体表现为生产力水平以及利用资源和改造环境的能力,规模较大、经济水平较高的乡村聚落,能够获得更多的资源,并对不利于发展的自然环境进行改造,进而提高宜居性水平。以“人口规模”“经济规模”和“用地规模”3个指标对发展水平进行表征。

在当前发展水平的基础上,建成环境需要在社区服务等层面满足居民对居住、出行等方面的需求。宜居性评价主要考虑建成环境对居民需求的满足程度。因此,根据居民生产生活需求的内容建立了其余4个维度的指标。

② 安全

安全需求是居民最基本的需求。马斯洛(Abraham Harold Maslow,1943)的需求五层次理论认为,人的需求是从较低层次的需求向较高层次的需求逐渐发展的,当低层次需求被满足后就不再成为人的激励因素;现阶段农村社区当中的生理需求基本可以获得满足,因此将“安全”作为居民需求层面最基本的指标。安全维度包括“建筑”“治安”“污染”“防灾”4个三级指标。

③ 舒适

根据《温哥华人居宣言》中对社区物质、服务方面的定义,建成环境宜居性满足居民需求的第二个层次为“舒适”。在基本的安全需求被满足后,居民开始追求生活质量,并且首先从舒适性方面开始。舒适性通过“供水”“供电”“排污”“电信”“垃圾处理”等设施建设状况指标进行表征。

④ 便捷

便捷维度主要反映社区内部联系、社区与外界联系方面的便捷程度，也包括公共服务设施对居民的可达性，是居民行为社会性的反映。乡村边缘性的特点使得便捷这一需求至关重要，不仅影响了乡村克服区位劣势发展的可能性，同时也影响了居民对乡村各项公共服务设施的心理感知程度。选取的指标包括“交通”“通信”“购物”和“公共设施”。

⑤ 服务

建成环境宜居性最后一个维度为“服务”，反映《温哥华人居宣言》中对人居环境中社会方面的定义，是社区能够向居民提供社会服务的能力。通过“设施维护”“医疗”“教育”“养老”4 项指标进行表征。

（3）人文环境系统

包括“村庄风貌”和“情感联系”两个二级指标，反映村庄的文化要素方面，是满足村民的社会归属需求的条件，使居民之间建立亲密关系并获得归属感。

① 村庄风貌

风貌一般指一个地方的风格和面貌，包括人文特质和地理环境风貌。村庄风貌一方面是村庄在长期发展中形成的包括人文现象和自然现象的客观存在的整体风貌，另一方面也反映了村民对村庄整体风貌的主观感受。

② 情感联系

村镇社区的情感联系不同于城镇社区，除单纯的邻里关系外还包含血缘关系，甚至有的村镇社区即为一个家族。因此情感联系又分为“地缘”和“血缘”两方面。

（三）具体指标选取与计算方法

1. 具体指标——主观指标与客观指标

前文已反复提及现有的宜居性评价中主观指标的重要性。认知心理学理论认为,个体之间由于生长环境、教育背景、职业背景等差异,对相同的客观环境会产生不同的认知,宜居性的概念很大程度上受人居环境的主体“人”的主观感受影响。城市宏观层面的研究中,由于取样调查的困难,通常选取客观指标进行评价。而乡村聚落微观层面的研究可以采用主观指标进行评价,以修正居民个体差异以及文化差异造成的偏差。

已有的主观评价中,通常采用满意度作为主观指标评价宜居性。满意度作为评价指标具有直接明了的特点,但是也存在一定的问题。认知心理学理论认为,人们不总是能够正确认知自己当前的心理状态,有的时候甚至是通过自己的行为来推断自身的态度。在乡村调研中,直接询问满意度容易出现这种认知偏差。本研究认为,居民对于人居环境的认知至少分为两个层次,第一个层次是对人居环境中客体的认知,即“知道其存在”;在认知环境的基础上产生第二个层次,对人居环境客体的评价,即“感知其优劣”。因此在主观指标设计的时候,可以在满意度基础上增加感知程度(对基础设施可以理解为覆盖程度、使用程度)的指标,来表征主体(居民)对客体(人居环境)的认知。两个指标同时对相应的客观指标进行修正,获得较为可靠的宜居性评价。

综上所述,本研究建立如下指标体系(表 7-1)。其中标有 * 号的指标在计算时通过主观指标予以修正。

表 7-1 乡村人居环境宜居性评价指标体系

一级指标	二级指标	三级指标	指标名称	主观指标修正
外部环境	自然禀赋	禀赋潜力	平原占村域面积比例	
			不可利用地占村域面积比例	
		禀赋条件	人均耕地面积	
	区位条件	宏观区位	到最近县中心距离	
		微观区位	到最近镇中心距离	

（续表）

一级指标	二级指标	三级指标	指标名称	主观指标修正
建成环境	发展	人口规模	户籍人口总数	
建成环境	发展	人口规模	常住人口总数	
建成环境	发展	经济规模	经济总量	
建成环境	发展	经济规模	农民人均纯收入	
建成环境	发展	用地规模	村域用地总面积	
建成环境	发展	用地规模	人均宅基地面积	
建成环境	安全	建筑	建筑质量	*
建成环境	安全	治安	村民治安满意度	*
建成环境	安全	治安	治安岗亭设施	*
建成环境	安全	治安	刑事案件发生数量	
建成环境	安全	污染	污染及防治设施	
建成环境	安全	防灾	灾害防御设施建设状况	
建成环境	安全	防灾	消防设施建设状况	
建成环境	舒适	供水	供水方式	
建成环境	舒适	供水	供水设施使用情况	*
建成环境	舒适	供水	饮用水质量	
建成环境	舒适	排污	污水处理设施使用情况	*
建成环境	舒适	供电	电力设施使用情况	*
建成环境	舒适	电信	电视信号设施使用情况	*
建成环境	舒适	垃圾处理	垃圾集中处理情况	
建成环境	舒适	垃圾处理	垃圾处理方式	
建成环境	便捷	交通	通村公路状况	*
建成环境	便捷	交通	通村公交状况	*
建成环境	便捷	交通	村内道路状况	*
建成环境	便捷	交通	路灯设施状况	
建成环境	便捷	通信	移动电话使用情况	*
建成环境	便捷	通信	网络设施使用情况	*
建成环境	便捷	购物	日常购物点使用情况	*
建成环境	便捷	公共设施	公厕使用情况	*
建成环境	便捷	公共设施	健身设施使用情况	*
建成环境	便捷	公共设施	文化活动室使用情况	*
建成环境	便捷	公共设施	公共活动空间使用情况	*
建成环境	服务	设施维护	基础设施维护频率	
建成环境	服务	设施维护	基础设施维护经费	
建成环境	服务	设施维护	公共空间维护情况	
建成环境	服务	设施维护	公共空间维护经费	

（续表）

一级指标	二级指标	三级指标	指标名称	主观指标修正
建成环境	服务	医疗	医疗保障覆盖率	
			医疗设施	*
		教育	幼儿园建设情况	*
			小学建设情况	*
			小学通勤时间	
		养老	老人专用活动场所	
人文环境	村庄风貌	村庄风貌	环境满意程度	*
			村容村貌维护情况	
			村庄规划情况	
	情感联系	地缘	邻里关系满意程度	*
			村民爱护环境意识	
			集体活动参与情况	
			聚会参与情况	
			换工情况	
		血缘	供奉祖先牌位	
			修祖坟参与情况	
			族谱保留情况	
			祭祖参与情况	

为便于对指标进行测度，本研究进一步设计了对应的数据处理和计算的方法，以获得较为准确的评价结果。主观指标数据采用农户问卷数据，每个村落随机抽取 20 份农户进行入户访谈调查，详细了解农户对评价对象的认知程度和满意程度。

问卷中数据处理方式如下：

（1）对于满意程度类指标

采用态度量表，将满意程度划分为 5 个等级："非常满意""比较满意""一般""不太满意""非常不满意"。被访问农户通过自己的感受，选择相应等级。将"非常满意"赋值为 1，其他等级等距赋值，满意程度越低，赋值越低。最后将所有农户问卷满意程度值进行平均，作为该样本村的满意程度值。

（2）对于设施使用状况、建设状况类指标

关于各类设施是否能够充分地为村民所利用，通过设施覆盖程度和使用程度来衡量。将某项设施的使用状况、建设状况值，定义为覆盖程度、使用程度及满意程度的乘积。

覆盖程度计算,对于面状覆盖设施,若村级问卷中能够直接获得数据(如自来水覆盖率、电力设施覆盖率等),则使用村级问卷中的数据;对于点状设施(如治安岗亭、健身设施等),需要通过农户问卷计算。农户问卷中设计问题“你是否较好地使用到了以下设施”,选项包括“没有这样的设施”“有,但现在不使用”“有,但很少使用”“有,但使用率一般”“有,且经常使用”。“没有这样的设施”赋值为0,其他赋值为1,计算其平均值,即对该项设施有所认知的用户的比例,作为覆盖程度。

使用程度计算,将上述选项中“有,且经常使用”赋值为1,其他选项按照使用程度的多少由低到高等距赋值,计算其平均值,即为该设施的使用程度。

满意程度计算,直接采用满意程度量表调查数据。

(3) 对于其他描述性指标

有部分指标是通过描述性特征来反映其质量,如通村公路类型(无通村公路,土路,石子路,硬化道路)、垃圾处理方式(填埋,焚烧,堆肥,沼气,丢弃),将该指标最佳状况特征赋值为1,其他特征按照质量优劣、便捷程度高低等原则等距赋值。农户问卷中的数据同样取均值,作为样本村落的指标值。

2. 综合评价计算方法

以上指标体系适用性较为广泛,能够反映不同地区村镇社区建设中的共性问题。但在操作中可能存在以下两方面问题:第一,主观指标作为一种心理度量,本身存在模糊性,难以准确量化;第二,某些指标取值对大多数村镇没有明显差异,提供的信息量相对较少。前一问题可以通过农户问卷数据取平均值降低偏差,后一问题通过选择适当的计算方法解决。本研究选取熵值法对各项指标进行赋值,保证差距较大的指标对最终评价指标的贡献较大,以降低信息量较少的指标的影响。此后用专家打分法对熵值法的评价结果进行补充。

(1) 熵值法

熵值法是一种客观赋权法,根据各项指标观测值所提供信息量的大小来确定指标权重。某项指标数据之间差异越大，其信息熵越小，对应的差异系数越大；反之，信息熵越大，差异系数越小。熵值法利用信息熵这一特点，通过数据信息熵计算差异系数，再通过差异系数确定指标的权重。具体计算步骤如下：

① 建立指标数据矩阵

设有 m 个待评价方案，n 项评价指标，形成原始指标数据矩阵 $A=(X_{ij})_{m\times n}$。指标数据矩阵表示如下，其中 X_{ij} 为第 i 个村的第 j 个指标的数值。

$$A=\begin{bmatrix} X_{11} & \cdots & X_{1m} \\ \vdots & \vdots & \vdots \\ X_{n1} & \cdots & X_{nm} \end{bmatrix}_{m\times n}$$

对于某项指标 x_j，指标值 X_{ij} 的差距越大，则该指标在综合评价中所起到的作用越大，如果某项指标的指标值全部相等，则该指标在综合评价中不起作用。

② 数据标准化并平移

由于数据中有 0 值，为了避免求熵值时取对数无意义，需要进行数据标准化并平移；所有数据均为正向数据（即越大越好）时，标准化公式如下：

$$X'_{ij}=\frac{X_{ij}-\min(X_{1j},X_{2j},\cdots,X_{nj})}{\max(X_{1j},X_{2j},\cdots,X_{nj})-\min(X_{1j},X_{2j},\cdots,X_{nj})}+1$$

③ 计算各村比重

第 j 项指标下第 i 个村占该指标的比重为

$$P_{ij}=\frac{X_{ij}}{\sum_{i=1}^{n}X_{ij}}\quad(j=1,2,\cdots,m)$$

④ 计算熵值和差异系数

第 j 项指标的熵值公式

$$e_j=-k^*\sum_{i=1}^{n}P_{ij}\lg(P_{ij}),$$

其中 $k=1/\ln m$，对于第 j 项指标，指标值 X_{ij} 的差异越大，对方案评价的作用越大，熵值就越小，差异系数计算公式为 $g_j = 1 - e_j$。

⑤ 计算权重

根据差异系数计算权重：$W_j = \dfrac{g_j}{\sum_{j=1}^{m} g_j}$，$j = 1, 2, \cdots, m$。

⑥ 综合得分计算

通过公式 $S_i = \sum_{j=1}^{m} W_j * P_{ij} (i = 1, 2, \cdots, n)$ 可计算综合得分。

对于本次分析中多级指标的情况，需要采用最优脱层法，即将最低一级指标中的所有数值通过熵值法计算，作为高一级指标的得分，再进行高一级指标熵值法得分计算，以此类推直到算出最终得分。

（2）专家打分法

熵值法作为综合评价计算方法尚存在一定问题。熵值法是通过某项数据包含的信息量对该项数据进行赋值，具有客观性的优点，但是实际上扩大了数据的方差。对宜居性的认知本身具有主观性的特点，居民对各项指标的实际心理权重具有模糊性，与问卷调查数据计算出的权重存在差异；此外，评价结果除了反映现实状况外，还需要对未来的发展具有一定指导作用，各项指标对于引导乡村发展这一目标来说，权重可能出现变化。

因此，在熵值法的基础上，增加专家打分法对评价结果进行补充。本研究邀请参与乡村调研的项目研究人员对指标体系中各层级的指标权重进行赋值，以熵值法计算权重为参考，要求参考调研直观感受对熵值法计算的权重进行修正。共获得专家打分 11 份，对权重得分进行平均，作为宜居性评价指标体系的权重，对结果进行综合评价。

三、村镇宜居性评价结果

（一）乡村人居环境系统宜居性主要影响因素分析

根据熵值法的计算步骤，对样本村落人居环境系统的宜居性展开分析。首先，将40个样本村具体指标的原始数据进行标准化并进行平移；其次根据标准化后的数据，求取各单项指标的熵值，计算公式为 $e_j = -\frac{1}{\ln n}\sum_{i=1}^{n} P_{ij}\lg(P_{ij})$；根据 e_j 可求取各单项指标的差异性系数，进而计算各指标的权重 W_j。按照熵值法的计算原理，指标体系中数据差异越大，所含信息量越大，对应的指标权重越大，即数据的重要程度越高。可以根据评价过程中不同指标的权重相对大小，判断出样本村落中建设水平差异较大的维度及主要影响因素。计算过程中使用脱层法求取不同层级指标的权重，所以计算结果中的权重是该指标相对于上一层指标的相对权重，指标对于系统的综合权重可通过不同层次权重连续相乘获得(表7-2)。

根据熵值法计算的权重可得，一级指标的3个系统中，建成环境系统权重(0.37)最高，超过了外部环境系统(0.34)和人文环境系统(0.29)。若3个系统的差异性及重要性相当，那么3个一级指标的权重应相等，均为0.33。以上结果说明，外部环境系统差异对宜居性的差异具有较为重要的作用；建成环境系统建设水平的差异最大，对宜居性的重要性也最高；人文环境的差异性较小，对宜居性的影响程度也相对较低。现阶段乡村建设仍处在以物质环境建设为主的阶段，乡村整体发展水平、基础设施建设水平、公共服务设施配套水平参差不齐，提高宜居性水平现阶段仍应该以基础设施、公共服务设施建设为主；乡村精神文明建设整体尚未出现过大的差异性。

具体到系统内各项指标之间的重要性，可以通过对具体指标的权重对比来了解。需要说明的是，指标体系中同一层级的指标下包含不同数量的下一级指标，因此即使具体指标的差异程度相当，其平均权重也应该有所不同，某一级指标的平均权重应是上一级指标权重为总权重的基础上平均得到。将实际权重与平均权重对比，可以了解到人居环境系统中发展差异性较大的方面，进而有针对性地提升宜居性。

表 7-2　样本村落人居环境宜居性评价各级指标权重(熵值法)

一级指标	权重	二级指标	权重	三级指标	权重	指标名称	权重
外部环境	0.34	自然禀赋	0.453	禀赋潜力	0.646	平原占村域面积比例	0.696
						不可利用地占村域面积比例	0.304
				禀赋条件	0.354	人均耕地面积	1.000
		区位条件	0.547	宏观区位	0.527	到最近县中心距离	1.000
				微观区位	0.473	到最近镇中心距离	1.000
建成环境	0.37	发展	0.199	人口规模	0.265	户籍人口总数	0.450
						常住人口总数	0.550
				经济规模	0.272	经济总量	0.540
						农民人均纯收入	0.460
				用地规模	0.463	村域用地总面积	0.510
						人均宅基地面积	0.490
		安全	0.147	建筑	0.287	建筑质量	1.000
				治安	0.261	村民治安满意度	0.221
						治安岗亭设施	0.527
						刑事案件发生数量	0.252
				污染	0.000	污染及防治设施	1.000
				防灾	0.452	灾害防御设施建设状况	1.000
						消防设施建设状况	1.000

（续表）

一级指标	权重	二级指标	权重	三级指标	权重	指标名称	权重
建成环境	0.37	舒适	0.175	供水	0.226	供水方式	0.114
						供水设施使用情况	0.391
						饮用水质量	0.495
				排污	0.232	污水处理设施使用情况	1.000
				供电	0.084	电力设施使用情况	1.000
				电视信号	0.204	电视信号设施使用情况	1.000
				垃圾处理	0.253	垃圾集中处理情况	0.591
						垃圾处理方式	0.409
		便捷	0.245	交通	0.213	通村公路状况	0.100
						通村公交状况	0.287
						村内道路状况	0.179
						路灯设施状况	0.433
				通信	0.153	移动电话使用状况	0.228
						网络设施使用情况	0.772
				购物	0.356	日常购物点使用情况	1.000
				公共设施	0.279	公厕使用情况	0.253
						健身设施使用情况	0.293
						文化活动室使用情况	0.152
						公共活动空间使用情况	0.302

（续表）

一级指标	权重	二级指标	权重	三级指标	权重	指标名称	权重
建成环境	0.37	服务	0.234	设施维护	0.224	基础设施维护频率	0.086
						基础设施维护经费	0.359
						公共空间维护情况	0.201
						公共空间维护经费	0.354
				医疗	0.165	医疗保障覆盖率	0.233
						医疗设施	0.767
				教育	0.171	幼儿园建设情况	0.374
						小学建设情况	0.350
						小学通勤时间	0.276
				养老	0.440	老人专用活动场所	1.000
人文环境	0.29	村庄风貌	0.461	村庄风貌	1.000	环境满意程度	0.110
						村容村貌维护情况	0.464
						村庄规划情况	0.426
		情感联系	0.539	地缘	0.446	邻里关系满意程度	0.114
						村民爱护环境意识	0.353
						集体活动参与情况	0.312
						聚会参与情况	0.087
						换工情况	0.135
				血缘	0.554	供奉祖先牌位	0.311
						修祖坟参与情况	0.190
						族谱保留情况	0.186
						祭祖参与情况	0.313

乡村环境的外部环境系统内部，自然禀赋和区位条件两个二级指标的权重分别为 0.453 和 0.547，表明区位条件在各村之间的差异较大。区位条件指标内的宏观区位和微观区位两个三级指标的权重分别为 0.527 和 0.473，即宏观区位差异比微观区位更明显。在快速城镇化阶段，乡村与中心城市的联系很大程度上影响了乡村的发展，但由于地理空间的限制，乡村与城市联动的水平差距较大，还存在相当一部分乡村地区难以通过与城市的联系获得发展和提升。乡村聚落的地理空间位置难以改变，因此提高宜居性在外部系统中作用不大，应考虑从交通、通信等建成环境系统部分加以改善。

建成环境系统内部，5 个二级指标中的发展指标权重接近均值（权重 0.199，5 个二级指标的平均权重 0.200）。其中 3 个三级指标中用地规模指标权重最大（权重 0.463，平均权重 0.333），表明乡村耕地和宅基地规模在各村间差异较大。此外，便捷和服务两个维度的二级指标体现出较大差异，前者权重为 0.245，后者为 0.234（平均权重 0.200）。便捷维度主要反映村民与外界联系、获取公共服务的便捷程度等。前者包括交通、通信和购物，差异较大的为购物便捷性（权重 0.356，4 个三级指标平均权重 0.250），后者包括各类公共设施，除文化设施外，现状均差异较大。服务维度包括医疗教育等方面，其中养老服务方面（权重 0.440，4 个三级指标平均权重 0.250）水平差距较大。以上数据反映了村镇建设中建成环境的现实状况：人居环境建设能够保障村民生活生产中最基础的生理需求的方面，但是在进一步提高居民生活水平方面仍然具有较大的发展空间。进一步提高宜居环境，重点在提高公共服务设施和商业服务设施建设水平、扩大养老等民生保障覆盖面和保障质量等方面。

人文环境系统整体对宜居性的影响相对较低，权重为 0.29，低于 3 个一级指标平均权重（0.33）。其中，在内部的村庄风貌和情感联系两个二级指标中，后者权重 0.539，高于前者（0.461）。在情感联系二级指标内部，三级指标的血缘比地缘权重更高，进一步从四级指标的权重分布可以看出样本村落人居环境的情感联系方面呈现出由家族血缘联系向社区地缘联系过渡的分布状态。一方面代表血缘联系的供奉祖先牌位状况和祭祖参与情况权重较高,另一方面代表社区地缘联系的村民爱护环境意识与集体活动参与同样是人居系统中相对重要的方面。评价结果与乡村社会转型的现状相吻合,反映了现阶段我国乡村地区居民的社会状况。由于以血缘联系为主的宗族社会的地位下降,人文环境系统宜居性建设应当以提高建立乡村社区文化认同,提高乡村社区归属感为主要发展方向。

(二)村镇宜居性熵值法评价结果

按照前一部分计算所得的权重,运用公式 $S_i = \sum_{j=1}^{m} W_j P_{ij}$ 计算各村落宜居性水平的具体值。评价结果由高到低排列如表 7-3 所示。

表 7-3 样本村落人居环境宜居性评价结果(熵值法)

位序	得分	省名	市名	县名	镇名	村名	宜居等级
1	0.030434	云南	大理	大理	喜洲镇	桃源村	优
2	0.029871	云南	大理	大理	喜洲镇	周城村	优
3	0.029214	河南	南阳	淅川	九重镇	花栎扒村	优
4	0.028386	江苏	泰州	兴化	沈伦镇	安塘村	优
5	0.028320	江苏	苏州	常熟	海虞镇	汪桥村	优
6	0.027968	湖南	长沙	长沙	春华镇	九木村	优
7	0.027642	云南	大理	大理	银桥镇	阳波村	优
8	0.027419	江苏	泰州	兴化	沈伦镇	沈北村	优
9	0.026820	江苏	泰州	兴化	西郊镇	徐圩村	良
10	0.026580	江苏	泰州	兴化	西郊镇	马港村	良
11	0.026472	江苏	苏州	常熟	尚湖镇	东桥村	良
12	0.026339	山东	聊城	高唐	尹集镇	陈堤子村	良
13	0.026165	山东	聊城	高唐	尹集镇	王庄村	良
14	0.026116	山东	聊城	高唐	琉璃寺镇	前杨村	良
15	0.025962	云南	玉溪	通海	杨广镇	云龙村	良
16	0.025782	云南	红河	蒙自	草坝镇	碧色寨	良

（续表）

位序	得分	省名	市名	县名	镇名	村名	宜居等级
17	0.025781	云南	大理	大理	银桥镇	双阳村	良
18	0.025779	山东	聊城	高唐	琉璃寺镇	北辛村	良
19	0.025219	河北	邯郸	大名	万堤镇	前屯村	良
20	0.024946	河南	南阳	淅川	九重镇	高家村	良
21	0.024417	湖南	娄底	双峰	三塘铺镇	东方村	一般
22	0.024370	湖南	娄底	双峰	井字镇	石求村	一般
23	0.024020	河北	邯郸	大名	杨桥镇	程子村	一般
24	0.023913	河北	邯郸	大名	杨桥镇	前齐庄村	一般
25	0.023837	云南	玉溪	通海	四街镇	龚杨村	一般
26	0.023655	河南	南阳	淅川	西簧乡	河北营村	一般
27	0.023617	湖南	长沙	长沙	春华镇	花园新村	一般
28	0.023571	湖南	长沙	长沙	暮云街道	莲华村	一般
29	0.023512	云南	玉溪	通海	杨广镇	古城村	一般
30	0.023346	陕西	渭南	富平	刘集镇	曹管村	一般
31	0.023047	河南	南阳	淅川	西簧乡	七棵树村	一般
32	0.023039	湖南	娄底	双峰	井字镇	花山村	一般
33	0.022488	陕西	安康	汉阴	涧池镇	民主村	差
34	0.022283	云南	红河	蒙自	芷村镇	黑拉冲村	差
35	0.022280	陕西	安康	汉阴	涧池镇	五坪村	差
36	0.022095	湖南	长沙	长沙	暮云街道	许兴村	差
37	0.021929	陕西	渭南	富平	齐村镇	石科村	差
38	0.021897	陕西	渭南	富平	齐村镇	董南村	差
39	0.021017	陕西	渭南	富平	刘集镇	永合村	差
40	0.020450	河北	邯郸	大名	万堤镇	孙村	差

注：因数据缺失，本部分宜居性评价仅包含40个样本村。

对综合评价的得分进行分析，以自然断点法将评价对象的宜居性划分为4个等级，其大致特征如下：

① 优（评价得分＞0.0270）

宜居性水平为“优”的村庄包括8个村，主要分布在江苏泰州市、湖南长沙市及云南大理市，位置多位于城市市郊。泰州市位于长三角城市群地区，长沙市地处长株潭城市群核心区域，这些地区整体经济发展实力较高；

大理市虽然经济区位不及东中部城市，但得益于气候良好、环境优美，具有丰富的旅游资源，且适宜于开发特色农业。这些地区的农村居民生活水平高、基础设施和公共服务设施齐备，交通、通信、互联网、自来水等普及完善，医疗服务设施齐全。

② 良（评价得分 0.0245～0.0270）

宜居性水平为“良”的村庄包括 12 个村，空间分布上与宜居性水平为“优”的村落有部分重合，除云南大理市、江苏泰州市等地外，还分布在山东聊城市、河北邯郸市、河南南阳市等，这些地区靠近三省交界处，同时也是山东半岛城市群、京津冀城市群及中部城市群相互联系影响的位置。这些村落的宜居性综合得分处于样本平均水平以上，经济较发达，基础设施建设相对完备，社会保障设施比较健全。

③ 一般（评价得分 0.0230～0.0245）

宜居性水平为“一般”的村庄包括 12 个村，相对分散，分布于河北邯郸市，湖南娄底市，河南南阳市，云南玉溪市、红河州等地。这些村综合发展水平一般，经济水平相对较低。在农村经济发展水平、基础设施建设、公共服务设施配套以及社会稳定等方面亟须大力发展，以改善该区域整体乡村人居环境。

④ 差（评价得分＜0.0230）

宜居性水平为“差”的村庄包括 8 个村，主要分布在陕西省安康市、渭南市。这些地区的乡村人居环境发展的主要制约因素是经济发展水平低、农民人均收入来源单一、基础设施配套不健全，因此经济发展水平、农村基础设施建设等方面都亟待改善。

对各项指标得分高低与总体宜居性评价结果的分析可了解不同宜居性等级村庄的特点。熵值法中，较高层级的指标是通过低层指标数据标准化后求比例、再根据熵值赋的权重后计算得分。此处采用标准化后的得分作为各层级指标情况的量度进行比较，对宜居水平 4 个等级村落不同指标状况进行分析。标准化后的指标数值具有一定实际意义，能够反映样本单项指标在样本总体中的相对水平，数据的取值在 0 到 1 之间，其中 0 代表该项指标的最低情况，1 代表最优情况。

首先分析人居环境系统对应的 3 个一级指标，从 3 个一级指标标准化得分的统计分析数据可以了解到，4 个宜居性等级的村落各项一级指标得分内部标准差均较小，代表各类别村落内部宜居性差异较小；3 个一级指标的均值由优、良、一般、差的顺序依次下降，说明该等级的划分具有合理性(表 7-4)。

表 7-4　不同等级宜居性样本一级指标标准化得分统计分析(熵值法)

	优		良		一般		差	
	平均值	标准差	平均值	标准差	平均值	标准差	平均值	标准差
外部环境	0.638	0.180	0.424	0.266	0.339	0.186	0.290	0.106
建成环境	0.745	0.168	0.576	0.202	0.328	0.166	0.257	0.099
人文环境	0.607	0.136	0.542	0.237	0.493	0.192	0.258	0.154

进一步将样本一级指标得分的位序与宜居性评价结果的位序作散点图(图 7-1)分析，可以看出，建成环境提升对宜居性提升的作用最为明显；其次是人文环境，人文环境相对于整体宜居性较差的村落作用相对明显；最后是外部环境，外部环境在宜居性较高的村落中对进一步提高宜居性具有一定作用。

对二级指标得分进行统计分析。4 个等级的村庄中，服务指标得分差距最大，而自然禀赋、发展及安全方面的得分水平差距较小。三级指标内，垃圾处理、养老、公共设施建设、基础设施维护方面，不同宜居性水平的村落之间差距明显；样本村庄均报告为无明显污染，但是污水处理方面水平总体较低；经济规模、人口规模及禀赋条件整体水平较差，供电设施状况整体情况较好。其他方面水平差距相对较小。

根据以上分析，可以对样本村的宜居性评价结果作以下总结：

首先，乡村人居环境宜居性指标体系的评价结果基本能够反映实际情况。

在该指标体系的评价下，可以将样本村的宜居性水平划分为优、良、一

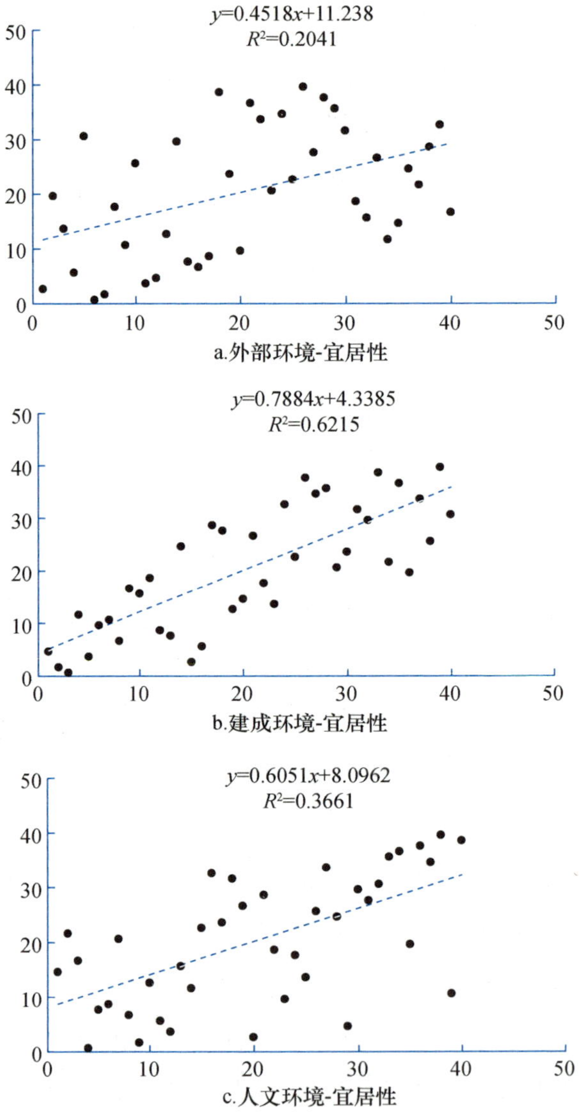

图 7-1　外部环境、建成环境、人文环境——宜居性位序散点图

般、差 4 个等级。这 4 个等级在人居环境系统各方面都存在明显差异，相对来说宜居性水平较低的村落人文环境较差，而宜居性较高的村落外部环境优势更明显，建成环境对宜居性水平影响最大。

其次，根据宜居性等级的划分，可以归纳出不同宜居性村庄的特点。

宜居性水平为“优”的村落，外部条件良好，经济水平发达，除满足居民日常生活基本需求的设施建设良好外，在治安维护、公共设施建设维护、村民公共服务保障、村容村貌维持方面表现得较为优秀。

宜居性水平为“良”的村落，发展水平和自然环境良好、用地充足，邻里关系和睦，但是在基础设施和公共设施的维护方面与“优”的村落存在较大差距。

宜居性水平为“一般”的村落，除发展水平与外部条件的限制外，在建成环境建设方面相对上一等级存在的主要问题是基础设施（如建筑质量、电视信号、日常购物点、交通及通信设施等满足宜居性便捷维度的设施）建设较差，公共设施建设不齐全。

宜居性水平为“差”的村落，受制于经济发展水平低、外部发展条件差，满足居民基本生活需求（如供水、供电）方面的基础设施存在配套不健全的情况，公共设施建设差，社区意识薄弱。

（三）专家打分法评价对结果的补充和修正

1. 乡村人居环境系统宜居性主要影响因素分析

熵值法作为客观赋权的方法在开展评价时有其优势，但客观赋权只能反映现状数据的差异，并不能完全代表单项指标在体系中的重要程度。差异较低的指标可能有发展水平整体较低或整体较高两种情况，而前者往往是提高宜居性的重点；此外某些指标虽然差异程度较高，但是可能对宜居性的影响较低。

因此进一步采用专家打分法对评价结果进行补充。在打分过程中向专家提供熵值法评价的权重作为参考，要求结合乡村调研的实际情况对权重进行修正，最后将专家意见汇总，以平均权重作为修正后的权重（表7-5）。

表 7-5　样本村落人居环境宜居性评价各级指标权重(专家打分法)

一级指标	权重	二级指标	权重	三级指标	权重	指标名称	权重
外部环境	0.326	自然禀赋	0.442	禀赋潜力*	0.530	平原占村域面积比例	0.644
						不可利用地占村域面积比例	0.356
				禀赋条件*	0.470	人均耕地面积	1.000
		区位条件	0.558	宏观区位	0.555	到最近县中心距离	1.000
				微观区位	0.445	到最近镇中心距离	1.000
建成环境*	0.406	发展	0.180	人口规模*	0.490	户籍人口总数	0.389
						常住人口总数	0.611
				经济规模*	0.395	经济总量	0.503
						农民人均纯收入	0.497
				用地规模	0.362	村域用地总面积*	0.406
						人均宅基地面积*	0.594
		安全	0.166	建筑	0.350	建筑质量	1.000
				治安*	0.350	村民治安满意度*	0.433
						治安岗亭设施*	0.283
				治安*	0.350	刑事案件发生数量	0.283
				污染*	0.215	污染及防治设施	1.000
				防灾*	0.215	灾害防御设施建设状况	0.375
						消防设施建设状况	0.625

（续表）

一级指标	权重	二级指标	权重	三级指标	权重	指标名称	权重
建成环境*	0.406	舒适*	0.215	供水	0.221	供水方式*	0.244
						供水设施使用情况	0.322
						饮用水质量	0.433
				排污	0.196	污水处理设施使用情况	1.000
				供电	0.183	电力设施使用情况	1.000
				电视信号	0.155	电视信号设施使用情况	1.000
				垃圾处理	0.178	垃圾集中处理情况	0.511
						垃圾处理方式	0.489
		便捷	0.235	交通*	0.323	通村公路状况*	0.250
						通村公交状况	0.256
						村内道路状况*	0.283
						路灯设施状况*	0.211
				通信*	0.202	移动电话使用情况*	0.494
						网络设施使用情况*	0.506
				购物*	0.230	日常购物点使用情况	1.000
				公共设施	0.230	公厕使用情况	0.183
						健身设施使用情况	0.297
						文化活动室使用情况	0.176
						公共活动空间使用情况	0.344

（续表）

一级指标	权重	二级指标	权重	三级指标	权重	指标名称	权重
建成环境*	0.406	服务	0.204	设施维护	0.173	基础设施维护频率*	0.200
						基础设施维护经费	0.289
						公共空间维护情况	0.222
						公共空间维护经费	0.289
				医疗*	0.288	医疗保障覆盖率*	0.400
						医疗设施*	0.600
				教育*	0.305	幼儿园建设情况	0.333
						小学建设情况	0.381
						小学通勤时间	0.286
				养老	0.234	老人活动场所	1.000
人文环境	0.258	村庄风貌	0.420	村庄风貌		环境满意程度*	0.300
						村容村貌维护情况	0.417
						村庄规划情况*	0.283
		情感联系	0.580	地缘	0.510	邻里关系满意程度*	0.217
						村民爱护环境意识	0.261
						集体活动参与情况	0.222
						聚会参与情况	0.150
						换工情况	0.150
				血缘	0.490	供奉祖先牌位	0.267
						修祖坟参与情况	0.233
						族谱保留情况	0.217
						祭祖参与情况	0.272

注：* 表示与熵值法权重相比调整较大（调整幅度超过 0.1）的指标。

与熵值法测算的各指标权重相比，专家打分法在外部环境、建成环境和人文环境3个一级指标中，进一步提高了建成环境的权重，由0.37提高到0.406。这种较大的调整主要出于以下考虑：现阶段乡村建设仍以物质建设为主，现有水平基础上对建成环境方面的改造是最能被村民感知的，对建成环境的提高能够较为迅速地提高宜居性。因此建成环境的改造在今后很长一段时间内仍将是提高宜居性的主要方向。

各子系统内部，外部环境的调整相对较小。自然禀赋维度下，禀赋潜力与禀赋条件的权重差异缩小。区位条件维度下宏观区位的权重相对提高，体现了乡村与中心城镇联系对乡村宜居性建设的重要性。

建成环境子系统内部，二级指标权重调整幅度也较大。安全维度权重上升，舒适维度的权重提升最多，指标权重由0.175提升到0.215；服务维度的权重下调，由0.234下降到0.204。当前乡村基础设施建设水平差异性仍然较大，样本中除少数宜居性水平为“优”的村落基础设施建设较全面，能够进一步重视公共服务设施配套外，其他大多数村落均存在不同程度设施匮乏的情况，因此，评价指标中应该首先重点考虑建筑质量、供水、供电、交通、通信、排污等方面设施建设，在居住环境的舒适程度提升后再进一步提升公共服务质量。

建成环境系统下的三级指标中，发展维度下，经济规模权重由0.272提升到0.395；安全维度下，污染指标的权重由0改为0.215，问卷调查反馈的结果里样本村落均为无污染状况，因此得分一致，故熵值法赋权重为0，在此修正了这一问题；便捷维度下，交通和通信的权重提高；服务维度下，医疗和教育权重提高，而养老权重下降。这些变化基本反映了优先提高基础设施建设的思路。

人文环境子系统中，情感联系方面，地缘联系的重要性超过了血缘联系。乡村社区的社会环境具有相对封闭的特性，不论是邻里关系还是亲属关系，地域上都是限制在村落内部的，两者皆在情感联系中承担重要作用；但是两者存在发展阶段的区别，由于城市化的影响，原有的宗族系统力量减弱，亲属关系发挥的社会作用逐渐由邻里关系取代。地缘联系指标与血缘联系指标的权重调整，正是考虑到这种发展趋势、强调社区建设重要性的结果。

2. 专家打分法修正后的宜居性评价结果

指标体系中各单项指标的单位、数量级相去甚远，在进行评价前须对数据进行标准化，消除各项数据量纲影响。熵值法的标准化公式为

$$X'_{ij}=\frac{X_{ij}-\min(X_{1j},X_{2j},\cdots,X_{nj})}{\max(X_{1j},X_{2j},\cdots,X_{nj})-\min(X_{1j},X_{2j},\cdots,X_{nj})}$$

为保证取对数有意义，熵值法在标准化步骤后对数据进行了平移。为保证两种方法评价结果具有可比性，采用相同的方法对数据进行标准化。标准化后的数据得分在 0～1 之间，所有数据均经过处理以保证数据为正向指标，得分具有实际意义。$X'_{ij}=1$ 表示该项指标的最优状态，$X'_{ij}=0$ 表示该项指标的最差状态。计算结果如表 7-6 所示。

表 7-6 专家打分法下样本村宜居性评价结果

专家打分法评价结果			熵值法评价结果		省名	市名	县名	镇名	村名
得分	位序	等级划分	位序	等级划分					
0.602	1	优	1	优	云南	大理	大理	喜洲镇	桃源村
0.580	2	优	2	优	云南	大理	大理	喜洲镇	周城村
0.568	3	优	3	优	河南	南阳	淅川	九重镇	花栎扒村
0.535	4	优	5	优	江苏	苏州	常熟	海虞镇	汪桥村
0.535	5	优	4	优	江苏	泰州	兴化	沈伦镇	安塘村
0.522	6	优	7	优	云南	大理	大理	银桥镇	阳波村
0.511	7	良	6	优	湖南	长沙	长沙	春华镇	九木村
0.509	8	良	8	优	江苏	泰州	兴化	沈伦镇	沈北村
0.496	9	良	12	良	山东	聊城	高唐	尹集镇	陈堤子村
0.487	10	良	9	良	江苏	泰州	兴化	西郊镇	徐圩村
0.485	11	良	15	良	云南	玉溪	通海	杨广镇	云龙村
0.479	12	良	17	良	云南	大理	大理	银桥镇	双阳村
0.476	13	良	11	良	江苏	苏州	常熟	尚湖镇	东桥村
0.473	14	良	13	良	山东	聊城	高唐	尹集镇	王庄村
0.462	15	良	10	良	江苏	泰州	兴化	西郊镇	马港村
0.456	16	良	14	良	山东	聊城	高唐	琉璃寺镇	前杨村
0.455	17	良	19	一般	河北	邯郸	大名	万堤镇	前屯村

（续表）

专家打分法评价结果			熵值法评价结果		省名	市名	县名	镇名	村名
得分	位序	等级划分	位序	等级划分					
0.442	18	良	16	良	云南	红河	蒙自	草坝镇	碧色寨
0.427	19	一般	18	良	山东	聊城	高唐	琉璃寺镇	北辛村
0.416	20	一般	22	一般	湖南	娄底	双峰	井字镇	石求村
0.411	21	一般	24	一般	河北	邯郸	大名	杨桥镇	前齐庄村
0.408	22	一般	21	一般	湖南	娄底	双峰	三塘铺镇	东方村
0.399	23	一般	27	一般	湖南	长沙	长沙	春华镇	花园新村
0.398	24	一般	25	一般	云南	玉溪	通海	四街镇	龚杨村
0.397	25	一般	23	一般	河北	邯郸	大名	杨桥镇	程子村
0.387	26	一般	28	一般	湖南	长沙	长沙	暮云街道	莲华村
0.387	27	一般	33	差	陕西	安康	汉阴	涧池镇	民主村
0.382	28	一般	20	一般	河南	南阳	淅川	九重镇	高家村
0.379	29	一般	29	一般	云南	玉溪	通海	杨广镇	古城村
0.374	30	一般	30	一般	陕西	渭南	富平	刘集镇	曹管村
0.356	31	差	32	差	湖南	娄底	双峰	井字镇	花山村
0.350	32	差	35	差	陕西	安康	汉阴	涧池镇	五坪村
0.346	33	差	36	差	湖南	长沙	长沙	暮云街道	许兴村
0.343	34	差	26	一般	河南	南阳	淅川	西簧乡	河北营村
0.325	35	差	38	差	陕西	渭南	富平	齐村镇	董南村
0.321	36	差	31	差	河南	南阳	淅川	西簧乡	七棵树村
0.312	37	差	37	差	陕西	渭南	富平	齐村镇	石科村
0.309	38	差	34	差	云南	红河	蒙自	芷村镇	黑拉冲村
0.281	39	差	39	差	陕西	渭南	富平	刘集镇	永合村
0.280	40	差	40	差	河北	邯郸	大名	万堤镇	孙村

对专家打分法的评价结果进行分析，同样采用自然断点法将样本村的宜居性水平划分为 4 个等级，其中宜居性水平为“优”和“良”的村庄划分基本与熵值法相同，而水平为“一般”和“差”的样本村落划分存在一定差异，具体情况如下：

宜居性水平为“优”的村庄包括 6 个样本村，分布在江苏省苏州市和泰州市、云南省大理市以及河南省南阳市。原本熵值法中属于本等级的湖南长沙市春华镇九木村和江苏泰州市兴化县沈伦镇沈北村被划分到下一等级，但从结果的位序来看评价结果中以上两个村仍是宜居性水平较高的村落。

宜居性水平为“良”的村庄包括12个样本村，分布在江苏苏州、泰州，山东聊城，湖南长沙，以及云南的3个样本市内；本等级层也存在两个村评价等级与熵值法不同，但位序差距较小，因此可认为熵值法与专家打分法对宜居性水平为“优”“良”的样本村落评价基本一致。

宜居性水平为“一般”的村庄包括12个样本村，主要分布在河北邯郸市，湖南长沙市、娄底市，云南玉溪市，以及陕西的安康市和渭南市。其中陕西安康市汉阴县涧池镇民主村在熵值法评价中宜居性水平为“差”，经调整后评价结果提高。

宜居性水平为“差”的村庄包括10个样本村，除江苏省的样本村外，其他各省均有样本村属于此等级，陕西安康市和渭南市分布较多；其中河南南阳市淅川县西簧乡河北营村在熵值法评价中宜居性水平为“一般”，经调整后评价降低。

对不同等级的村落人居环境系统内部不同层级的指标得分进行分析。在外部环境、建成环境与人文环境层次上，建成环境仍然是对宜居性影响最大的方面，宜居性越高的村落建成环境建设越好；外部环境系统和人文环境系统与宜居性的关系，在专家打分法下与熵值法有所区别，熵值法评价的结果中外部环境和人文环境均表现为较为宜居的村落平均得分较高；而在专家打分法评价下，外部环境对于宜居性水平为“优”的村落整体水平较高，其他村落均值无太大区别，人文环境对于宜居性水平为“差”的村落来说水平较低，其他村落无太大区别。

二级指标方面，宜居性水平为“优”的村落在舒适、便捷、服务方面优势较为突出，情感联系维度同样具有较高水平；宜居性水平为“良”的村落安全、村庄风貌维度表现较好，但是在便捷、发展、区位条件维度有所欠缺；宜居性水平为“一般”的村落村庄风貌基本能满足居民需求，但是便捷和服务水平进一步降低；对于宜居性水平为“差”的村落宜居性各维度水平均较差，最大的问题是发展与便捷，其次是舒适和服务。与熵值法评价结果比较，宜居性水平为“优”的村落区位条件和便捷的水平优势降低；宜居性水平为“优”和“良”的村落在服务维度上与宜居性水平较低的村落比较优势降低。

三级指标层面宜居性水平为“优”的村落在禀赋条件、用地规模、人口规模、经济规模等方面数值较低，并不体现出明显优势，且血缘联系相对其他等级村落较弱，其宜居性突出表现在防灾、排污、垃圾处理、交通、购物、公共设施、设施维护以及医疗等指标上。宜居性水平为“良”的村落供水、供电、通信等基础设施建设较好，社会福利方面养老保障程度较高，且村庄风貌、地缘联系水平较高；相对于上一等级，在人口规模、排污、垃圾处理、公共设施、教育等方面水平降低。宜居性水平为“一般”的村落人口规模、用地规模具有一定等级，现阶段禀赋条件较差，但禀赋潜力较高，具有一定的发展空间；基本能保障供电设施的质量，但是治安、防灾、供水等设施质量较差，公共设施水平较上一级进一步下降；社会关系中血缘联系水平较上一级更为紧密。宜居性水平为“差”的村落禀赋潜力差，在基础设施建设方面建筑质量、供水、供电等生活基本保障的方面水平仍较差，此外垃圾处理、交通设施建设水平较低。

和熵值法相比，三级指标中，宜居性水平为“优”“良”等级的村落在用地规模、地缘指标的评价上相对降低，而在建筑总体质量、防灾、教育、养老等指标上的评价有所提高；宜居性水平为“良”的村落在设施维护指标上水平相对提高；对于宜居性较低的村落，养老、购物指标评价进一步降低，而地缘、血缘指标评价上升。

综上所述，专家打分法对熵值法中部分指标的权重进行了修正。总体上两者评价结果基本一致。在具体指标上，专家打分法调整了部分指标的得分，宜居性水平较高的村落在建成环境的舒适、便捷等维度优势更加突出，而宜居性水平较低的村落在外部环境限制及基础设施建设层面的劣势也更加明显，评价更加贴合实际情况，同时也对引导提高乡村人居环境宜居性具有更加明确的指导意义。

第八章

结论与讨论

通过对已有相关研究成果的学习总结、对我国村镇发展进程和发展特点的梳理归纳，结合村镇特点对宜居性表征和评价方法的探讨以及对样本村镇的评价测度，本书形成了几点结论性意见。

改革开放以来我国城镇化快速推进，城市发展和规划建设取得了长足进展。在此过程中，村镇经济社会发展、人居环境建设和服务保障水平也发生了显著变化，面向村镇的理论研究、建设技术和规划管理政策也不乏实质性探索和进展。但总体来看，与城市规划建设理论和技术进展相比，与快速城镇化进程中的村镇变迁和新时代村镇发展需求相比，村镇规划的技术标准还有待完善，村镇规划建设实施保障水平还有待提高。在多规合一和规划体系改革进程中，针对村镇发展和村镇规划建设的理论、技术和政策都需要进一步明晰。

我国作为历史悠久的农业大国，村镇发展在经济价值之外，文化、社会和生态方面的意义更加突出。经历长期的发展演变后，一方面我国仍有大量村庄保持了传统的农业和农林功能，另一方面，对村镇功能空间演变过程的研究表明，传统村镇自身具有地域文化特征，在当代非农产业引入的背景下，村镇社区功能空间形态发生了变化，工业、旅游业、文化产业等的引入会给村镇带来不同的变化。在城镇化过程中，村镇功能空间的演化会受到外部城镇化因素和内部发展因素两方面的影响，对于同一个村落，往往存在一种主导因素决定其演变机制的类型。处于城市中心、边缘带、边缘带间扩展区、城市之外受城市影响较大的区域、城市之外较独立的区域在演变主导因素、区域形成原因与特征、农业生产用地变化、居住用地变化和社区变化等方面存在差异。

通过相关研究文献的回顾梳理以及基于村镇调研基础数据的分析，在目标导向、有机综合、简明可操作及适度弹性原则的指导下，从总体和结构两个方面建立包括自然禀赋、区位条件、村庄规模、形态结构、人口结构、经济结构和用地结构7个维度的村镇类型基础指标体系；并基于全国7个省的村镇样本数据，采用聚类分析、KW检验和主成分分析法提取分类特征指标，总结出6个类型：平原种植小村、养殖业及兼业小村、山地种植小村、近郊本地非农化大村、远山区种植大村和外来迁入非农化大村。综合考虑区位和功能特征，面向规划建设和宜居性评价，可将村庄归纳为平原传统农业村、山区传统农林村、养殖专业村、远山区特色农业村、城郊非农产业村和平原非农产业村六类。

基于国内外对“社区”概念的理解和对“宜居性”的阐述，结合我国宜居社区特点，宜居社区包括社会、物质和组织等方面的宜居性，既包括能够为人类提供安全、舒适、便捷的住房和基础设施等物质条件的能力，也具有提供完善的、与当前社区社会经济发展水平相适应的服务的能力。一个宜居的社区既包括设施和服务的存在性和较高的覆盖性等客观水平，也包括生活在社区中的农户对其使用的便捷性和满意度等主观感受；同时一个宜居的社区不单局限于建成环境，还应关注精神和文化要素，即指在社区成员之间形成稳定、和谐的精神联系，并拥有健康的社区文化。据此，根据以人为本、层次性、实践性、综合性、环境友好、可操作性的原则，从外部环境、建成环境和人文环境3个系统层面建立了村镇社区综合评价指标体系。该体系从多个维度进行评价，并纳入主观指标。分析专家打分法对熵值法权重值的调整情况，一定程度上可以体现现阶段我国村镇发展的特色和阶段性任务。对评价结果的宜居性水平特征和空间差异性的总结，体现了我国村镇综合发展水平的差异性。

在上述宜居性认识和测度过程中，基于文献梳理和村镇社区综合评价结果，总结发现了一些村镇社区人居环境存在的共性问题。比如，除基础设施和公共服务建设质量存在问题外，村镇普遍存在缺乏有效的治安管理、灾害防范设施建设缺失、居住卫生环境质量较差、缺乏生活污水和生活垃圾处理设施、公共设施维护较差等问题。村镇共性问题的提取为镇宜居性定义及指标建立的针对性提供了基础，也从侧面反映出了我国现阶段乡村发展的现实特点和服务需求。

参考文献

Amanda J Walker, Robert L Ryan. Place attachment and landscape preservation in rural New England: A maine case study[J]. Landscape and Urban Planning, 2008, 86:141－152.

Antrop Marc. Landscape change and the urbanization process in Europe[J]. Landscape and Urban Planning, 2004, 67:9－26.

Asamiy. Residential Environment: Methods and Theory for Evaluation[M]. Tokyo: University of Tokyo Press, 2001.

Alonso W. The historic and the structural theories of urban form: Their implications for urban renewal[J]. Land Economics, 1964, 40(2):227－231.

Barry J C. British Planning: 50 Years of Urban and Regional Policy[M]. Ireland: Athlone Press, 1999.

Brown G, Brabyn L. An analysis of the relationships between multiple values and physical landscapes at a regional scale using public participation GIS and landscape character[J]. Landscape and Urban Planning, 2012, 107:317－331.

Burghard Christian Meyera, Alistair Phillipsb, Shayne Annettb. Optimising rural land health: From landscape policy to community land use decision-making [J]. Landscape Research, 2008, 33(2): 181－196.

Conzen M R G. Alnwick, Northumberland: A Study in Town-Plan Analysis [M]. London: George Philip, 1960.

Curry N. Planning and policy documents as transactions costs: The case of rural decision-making in England[J]. Land Use Policy, 2013, 30(1): 711-718.

Kim Dae-Sik, Chung Ha-Woo. Spatial diffusion modeling of new residential area for land-use planning of rural villages[J]. Journal of Urban Planning and Development, 2005,9: 181-194.

David R Mason, Victoria A Beard. Community-based planning and poverty alleviation in Oaxaca, Mexico[J]. Journal of Planning Education and Research, 2008,27:245-260.

David W Marcouiller, John Gregory Clendenning, Richard Kedzior. Natural Amenity-Led development and rural planning[J]. Journal of Planning Literature, 2002,16:515-542.

Esparza X Adrian, Carruthers I John. Land use planning and exurbanization in the rural mountain west: Evidence from Arizona[J]. Journal of Planning Education and Research, 2000,20: 23-36.

Gerrit J. Carsjens, Wim van der Knaap. Strategic land-use allocation: Dealing with spatial relationships and fragmentation of agriculture[J]. Landscape and Urban Planning, 2002,58: 171-179.

Kerselaers E, Rogge E, Vanempten E, et al. Changing land use in the countryside: Stakeholder's perception of the ongoing rural planning processes in Flanders[J]. Land use Policy, 2013, 32(5):197-206.

Louis H. Die geographische Gliederung von Gross-Berlin[C]. Louis H, Panzer W(eds). Landerkundliche Forschung: Krebs-Festschrift. Stuttgart: Engelhorn, 1936:146-171.

Maruani T, Amit-Cohen I. Open space planning models: A review of approaches and methods[J]. Landscape and Urban Planning, 2007, 81:1-13.

Maslow A H. A theory of human motivation[J]. Psychological Review,

1943，50(4)：370.

Pieter M S. Infrastructure networks and red-green patterns in city regions [J]. Landscape and Urban Planning，2000，48：191－204.

Randall Arendt. Rural by Design—Maintaining Small Town Character[M]. Chicago：APA Planners Press，1994.

Russwurm L H. Urban fringe and urban shadow[J]. Urban Problems，1975，2:148－164.

Sevenant M，Antrop M. Transdisciplinary landscape planning：Does the public have aspirations? [J]. Experiences from a case study in Ghent(Flanders，Belgium). Land Use Policy，2010，27(1):373－386.

Sillnce J A A. Why did warwickshire key settlement policy change in 1982? An assessment of the political implications of cuts in rural services[J]. The Geographical Journal，1986，152(2)：176－192.

Sevenant M，Antrop M. Cognitive attributes and aesthetic preferences in assessment and differentiation of landscapes[J]. Journal of Environmental Management，2009，90(9):2889－2899.

Tortora A，Statuto D，Picuno P. Rural landscape planning through spatial modeling and image processing of historical maps[J]. Land Use Policy，2014，42(1):71－82.

Tassinari P，Torreggiani D，Stefano B. Dealing with agriculture，environment and landscape in spatial planning：A discussion about the Italian case study [J]. Land Use Policy，2013，30(1):739－747.

United Nations Conference on Human Settlements (UN-Habitat I). The Vancouver Declaration on Human Settlements，June 1976，Vancouver，retrieved from：https://undocs.org/en/A/CONF.70/15.

United Nations. 2012 Annual Report on United Nations Human Settlement Program (UN-HABITAT). April 2013，Nairobi，retrieved from：https://mirror.unhabitat.org/pmss/getElectronicVersion.aspx? nr=3459&alt=1#:~:text=In%202012%2C%20UN%2DHabitat%20finalised，of%20the%

20urban%20development%20agenda.

United States Department of Agriculture Rural Development. The USDA Rural Development Strategic Plan Fiscal Years 2005—2010. USA,2004.

von Thünen J H. Isolated State: An English Edition of Der Isolierte Staat [M]. Oxford: Pergamon Press, 1966.

Whitehand J W R. The Changing Face of Cities: A Study of Development Cycles and Urban Form[M]. New Jersey: B. Blackwell,1987.

Zasada I. Multifunctional peri-urban agriculture: A review of societal demands and the provision of goods and services by farming[J]. Land Use Policy, 2011, 28: 639 - 648.

滕尼斯.共同体与社会[M].林荣远,译.北京:商务印书馆,1999.

卜雪旸.基于地域文化原真性保护的村镇规划策略研究:以闽北村庄和小城镇规划为例[C]//中国城市规划学会·多元与包容.中国城市规划年会论文集.昆明:云南科技出版社,2012.

才则.改造旧村庄[J].新农业,1982(4):22.

曹广忠,李凯,刘涛.中国农民工家庭消费结构与完全城镇化:基于城市农民工调查数据的实证研究[C]//中国地理学会.中国地理学会2012年学术年会学术论文摘要集.北京:中国地理学会,2012.

陈芳惠.村落地理学[M].台北:五南图书出版公司,1984.

陈吉元,陈家骥,杨勋,等.中国农村社会经济变迁(1949—1989)[M].太原:山西经济出版社,1993.

陈为.日本过疏农山村的振兴及其对中国农村现代化的启示:以日本国福岛县三岛町为例[J].广西师院学报,1999(1):12 - 19.

陈彰嘉.实行分类指导战略原则,发展村级经济[J].开发研究,1989(2):52.

陈振华.城乡统筹与乡村公共服务设施规划研究[J].北京规划建设,2010(1):44 - 46.

城乡建设环境保护部.关于印发《以集镇建设为重点调整和完善村镇规划工作的要求》的通知[A],1987.

戴林琳，郑超群．传统村落地缘文化特征及其遗产活化：以京郊地区三家店村为例[J]．中外建筑，2016（3）：55 - 56.

丁元竹．社区研究的理论与方法[M]．北京：北京大学出版社，1995.

段林春，王晓燕．中国农村土地制度历史变迁分析[J]．北方经济，2010（10）：68 - 70.

樊杰．中国农村工业化的经济分析及省际发展水平差异[J]．地理学报，1996（5）：398 - 407.

方彭．新农村建设规划编制指导原则初探[J]．建筑学报，2006（11）：60 - 63.

方远平，吴志刚，刘望保．国外村镇规划管理组织架构及启示[J]．规划师，2012，28(10)：5 - 12.

费孝通．乡土中国[M]．上海：上海人民出版社，2013.

高丽娟，房吉，张莉．在城市绿地系统规划中对构建低碳宜居社区的方法初探[A]．城市发展与规划大会论文集，2011.

高强，王富龙．美国农村城市化历程及启示[J]．世界农业，2002（5）：12 - 14.

高文红．浅谈“空心村”的形成与治理：以河北省邯郸市为例[J]．小城镇建设，2001（10）：93 - 94.

郜晓雯，曹广忠，刘涛．义乌村镇产业布局模式研究[J]．地域研究与开发，2011，30(4)：26 - 30.

耿慧志，贾晓韡．村镇体系等级规模结构的规划技术路线探析[J]．小城镇建设，2010（8）：66 - 72.

顾朝林，于涛方，李王鸣，等．中国城市化：格局·过程·机理[M]．北京：科学出版社，2008.

顾文选，罗亚蒙．宜居城市科学评价标准[J]．北京规划建设，2007（1）：7 - 10.

郐艳丽，刘海燕．我国村镇规划编制现状、存在问题及完善措施探讨[J]．规划师，2010，26(6)：69 - 74.

韩波，顾贤荣，李小梨．浙江省村镇体系规划中产业、公共服务与特色规划研究[J]. 规划师，2012，28(5)：10 - 14.

韩茂莉. 十里八村：近代山西乡村社会地理研究[M]. 北京：生活·读书·新知三联书店，2017.

何兴华. 中国村镇规划 1979—1998[J]. 城市与区域规划研究，2011 (2)：44 - 64.

洪亘伟，刘志强. 我国城镇密集地区新农村建设类型研究[J]. 城市发展研究，2009，16(12)：70 - 74

胡畔，张建召，王兴平. 大都市边缘区基本公共服务设施供给特征研究：以南京市为例[C]. 中国城市规划年会论文集，2011.

胡智清，周俊，洪江. 城市边缘区域村庄规划策略研究：以经济发达、村镇密集地区为例[J]. 规划师，2003 (11)：19 - 21.

怀特汉德(宋峰，邓洁译). 城市形态区域化与城市历史景观[J]. 中国园林，2010(9)：53 - 58

黄祖辉，王朋. 农村土地流转：现状、问题及对策——兼论土地流转对现代农业发展的影响[J]. 浙江大学学报(人文社会科学版)，2008 (2)：38 - 47.

金其铭. 江苏农村聚落的规模与布局[J]. 建筑学报，1983 (10)：55 - 56.

康泽恩著. 城镇平面格局分析：诺森伯兰郡安尼克案例研究[M]. 宋峰，等译. 北京：中国建筑工业出版社，2011.

柯家庆. 分类指导：全面发展农村经济[J]. 广西政报，1994 (10)：46 - 47.

雷长林，李富义. 中国农村发展史：1949—2008[M]. 杭州：浙江人民出版社，2008.

黎熙元. 现代社区概论[M]. 广州：中山大学出版社，1998.

李伯华，曾菊新，胡娟. 乡村人居环境研究进展与展望[J]. 地理与地理信息科学，2008，24(5)：70 - 74.

李伯华，刘沛林. 乡村人居环境：人居环境科学研究的新领域[J]. 资源开发与市场，2010，26(6)：524 - 528.

李丹妮. 我国城市宜居社区评估研究[D]. 大连理工大学，2009.

李锋传. 日本建设新农村经验及对我国的启示[J]. 中国国情国力，2006

(4)：10－14.

李红波，张小林. 乡村性研究综述与展望[J]. 人文地理，2015（1）：16－20.

李立. 乡村聚落：形态、类型与演变——以江南地区为例[M]. 南京：东南大学出版社，2007.

李强，张鲸. 北京市新农村规划回顾与反思[J]. 城市发展研究，2010，17（4）：59－63.

李杨露西. 宜居社区中邻里交往空间的规划设计[J]. 住宅科技，2011（6）:25－27.

李振鹏，刘黎明，谢花林. 乡村景观分类的方法探析：以北京市海淀区白家疃村为例[J]. 资源科学，2005（2）：167－173.

梁湖清，沈正平，沈山. 村镇规划与土地规划的比较及协调研究[J]. 人文地理，2002（4）：67－70.

梁增敏. 新乡村社区公共服务设施定位探讨：以温岭市箬横镇为例[J]. 价值工程，2010(1)：108－109.

刘东辉. 苏北沿海地区村庄规划模式的探讨[J]. 小城镇建设，1993（2）：15－16.

刘虹，徐宗威，刘波. 我国不同地域农村住宅分类及特征初探[J]. 建筑，2011（12）：21－22.

刘琳，刘长滨. 论“迁村并点”规划思想的实施：以云南省玉溪市为例[J]. 城市规划，2002（5）:66－67.

刘韶军. 欠发达地区城市边缘区村庄发展特征及规划布局分析：以河南省为例[J]. 城市规划汇刊，2000（3）:64－67＋80.

刘涛，曹广忠，江艺东，等. 区域产业布局模式识别：指标体系与实证检验[J]. 地理科学，2010（2）：190－196.

刘铁梁. 中国民俗文化志・北京・门头沟区卷[M]. 北京：中央编译出版社，2006.

龙花楼，刘彦随，邹健. 中国东部沿海地区乡村发展类型及其乡村性评价[J]. 地理学报，2009（4）：426－434.

迈克尔·曼,著. 国际社会学百科全书[M]. 袁亚愚,等译. 成都:四川人民出版社,1989.

孟元元. 城市宜居社区综合评价及其应用研究[D]. 燕山大学,2011.

苗长虹. 我国农村工业发展型式研究[J]. 地理学报,1998,533(3):80-88.

闵雷,熊贝妮. 宜居型社区规划策略研究:以武汉低碳生态社区规划为例[J]. 规划师,2012(6):18-23.

倪仁芳. 新农村建设需要分类指导[J]. 浙江经济,2006(16):26-27.

彭一刚. 传统村镇聚落景观分析[M]. 北京:中国建筑工业出版社,1992.

祁新华,程煜,陈烈,等. 国外人居环境研究回顾与展望[J]. 世界地理研究,2007,16(2):17-24.

钱锋. 宜居社区规划设计探讨[J]. 住宅科技,2011(5):6-8.

任世英,李强. 关于城乡居民点体系的层次规模分级与规划标准制定的建议[J]. 城市规划,1992(2):42-44.

史秋洁,刘涛,曹广忠. 面向规划建设的村庄分类指标体系研究[J]. 人文地理,2017,32(6):121-128

汤国安,赵牡丹. 基于GIS的乡村聚落空间分布规律研究:以陕北榆林地区为例[J]. 经济地理,2000(5):1-4.

唐燕. 村庄布点规划中的文化反思:以嘉兴凤桥镇村庄布点规划为例[J]. 规划师,2006,22(4):49-52.

汪冬梅. 日本、美国城市化比较及其对我国的启示[J]. 中国农村经济,2003(9):69-76.

王宝刚. 国外小城镇建设经验探讨[J]. 规划师,2003,19(11):96-99.

王兆君,张占贞. 国外小城镇建设经验教训对我国东部沿海地区村镇建设的启示[J]. 经济问题探索,2011(11):47-50.

王欢. 探究多元化的新型宜居社区[D]. 东北师范大学,2009.

威廉·阿朗索,著. 区位和土地利用地租的一般理论[M]. 北京:商务印书馆,2007.

温铁军. 半个世纪的农村制度变迁[J]. 战略与管理,1999(6):76-82.

温晓勇. 科学制定《指导目录》推动村庄人居环境建设：对福建省建设厅编制《村庄人居环境建设项目指导目录》的若干思考[J]. 小城镇建设，2006(8)：90－91.

吴良镛. “人居二”与人居环境科学[J]. 城市规划，1997(3)：4－9.

吴良镛. 人居环境科学导论[M]. 北京：中国建筑工业出版社，2001.

吴毅，吴克伟，等. 转型中的治理：当代中国乡村社会变迁实证研究[M]. 武汉：湖北人民出版社，2009.

解雯娟. 城郊宜居社区规划研究：对我国城郊居住区规划的思考[D]. 兰州大学，2011.

周维宏. 新农村建设的内涵和日本的经验[J]. 日本学刊，2007(1)：127－136.

薛暮桥. 旧中国的农村经济[M]. 北京：农业出版社，1980.

杨豪中，王赢，温亚斌. 农村产业结构调整对村落形态发展影响分析：以关中地区为例[J]. 四川建筑科学研究，2012(1)：262－265.

杨克明，杨介榜. 以产业发展为重点推进村庄整治：以泰顺县泗溪镇下桥村整治规划为例[J]. 小城镇建设，2006(10)：68－71.

杨懋春. 近代中国农村社会之演变[M]. 台湾：巨流图书公司，1980.

杨细平，张小金. 村庄整治过程中公共设施配置的标准与途径[J]. 规划师，2007(10)：74－78.

叶齐茂. 发达国家乡村建设考察与政策研究[M]. 北京：中国建筑工业出版社，2008.

叶炤华. 台湾光复后农村城镇化历程探析[J]. 统一论坛，2013(6)：66－69.

袁镜身，冯华，张修志. 当代中国的乡村建设[M]. 北京：中国社会科学出版社，1987.

约翰·冯·杜能(J. H. v. Thunen)，著. 孤立国同农业和国民经济的关系[M]. 吴衡康，译. 北京：商务印书馆，1986.

张弓，霍晓卫，张杰. 历史文化名镇名村保护中的建筑分类策略研究——以三亚崖城历史文化名镇与山东朱家峪历史文化名村保护为例[J]. 南方建筑,2010 (3): 70 - 74.

张红宇. 中国农村土地制度变迁的政治经济学分析[D]. 西南农业大学,2011.

张仁桥. 基于离散型地域结构的乡村公共设施配置研究[J]. 安徽农业科学,2010(13):7012 - 7017.

张文忠. 宜居城市的内涵及评价指标体系探讨[J]. 城市规划学刊,2007(3):30 - 34.

张文忠. 中国宜居城市研究报告(北京)[M]. 北京:社会科学文献出版社,2006.

张小林. 苏南乡村城市化发展研究[J]. 经济地理, 1996(3):21 - 26.

张正峰,赵伟. 农村居民点整理潜力内涵与评价指标体系[J]. 经济地理,2007 (1): 137 - 140.

张忠法. 分类指导新农村建设[J]. 建设科技, 2007 (1): 36 - 39.

赵国飞. 都市型宜居社区初探:以天津市和平区都市型宜居区规划为例[D]. 天津大学,2008.

赵虎,郑敏,戎一翎. 村镇规划发展的阶段、趋势及反思[J]. 现代城市研究,2011(5):47 - 50.

赵紫阳, 蔡玉梅, 邹晓云. 重庆市燕坝村土地利用现状分类体系[J]. 中国土地科学,2011(2): 40 - 47.

郑杭生. 社会学概论新修[M]. 北京:中国人民大学出版社,1994:348.

周桂明. 经济发达村庄建设规划初探[J]. 杭州大学学报(哲学社会科学版),1994(2):71 - 76.

周一星,曹广忠. 改革开放 20 年来的中国城市化进程[J]. 城市规划,1999, 23(12):8 - 13.

朱晓华,丁晶晶,刘彦随,等. 村域尺度土地利用现状分类体系的构建与应用:以山东禹城牌子村为例[J]. 地理研究, 2010, 29(5): 883 - 890.

朱秀杰. 人口老龄化与宜居社区建设研究[J]. 社会工作, 2012(1):32 - 34.